Textes et poèmes

L. PAILLARD - BOUCHET

Textes et poèmes

ISBN : 978-2-407-00188-0

Mon frère

Toi, mon ainé, que j'avais délaissé,
Tu as traversé toutes ces années
Et aujourd'hui je t'ai redécouvert
Avec des cheveux blancs, mon frère.
Tu n'as pas changé,
Dans ma mémoire, ton image est figée,
Et si les années t'ont un peu voûté,
Tu continues ton chemin sans te retourner.
J'ai débarqué chez vous, à Bormes les Mimosas,
Et vous m'avez reçue à bras ouvert.
J'ai appris quarante-deux ans de vie familiale
Que je ne connaissais guère.
Vous êtes un couple exceptionnel
D'amour, d'humour et de tendresse.
Nicole, maman louve et maternelle
Et toi Riton, mari protecteur et paternel…
Comment ai-je pu vous oublier,
Comment peut-on vous faire du mal ?
Vous êtes l'âme de la famille bafouée !!!
Restez comme vous êtes, vous n'êtes pas banals !!!

***

L'Homme

Qu'as-tu fait de moi,
Qui ne demandais qu'à m'épanouir ?
Tu m'as prise dans ta toile maléfique

Pour mieux me soumettre.
Tu m'as bafouée, déshonorée.
Tu m'as fait subir les pires tortures morales,
Physiques et surtout mentales.
Tu disais m'aimer et j'y ai cru.
Tu n'as fait que me déraciner,
M'humilier, me torturer, me briser.
Quarante-et-un ans de vie commune,
Quatre beaux enfants et pourtant
La haine s'est installée insidieusement
Entre nous et pour toujours.
Tu es parti, tu m'as délivrée de mes chaines.
Maintenant je revis et je souris à la vie.
Je retrouve la jeunesse que j'ai perdue
Quand tu es venu me cueillir dans mon nid.
Paix à ton âme, je ne t'en veux plus,
Puisque malgré toi, tu as disparu…

***

Papa

Quand j'étais enfant,
Je te voyais beau et grand.
Tu m'as aidé à naître
Et guidé mes premiers pas.
Tu étais souvent là pour mes devoirs
De latin, géographie et histoire,
Mais tu étais aussi très fort en maths
Et le français ne te faisait pas peur !

Tu t'es beaucoup préoccupé pour moi,
Quand mon cher amour,
Par obligation, m'a laissé choir,
Tu m'as consolée de mon désamour.
Pourquoi m'avoir obligée à me marier
Parce que j'avais fauté ?
M'as-tu punie d'une erreur commise par désespoir ?
Ou as-tu obéi, toi aussi, à ces lois
Qui n'admettaient pas le déshonneur ?
J'ai payé chèrement ma bêtise,
Mais mon amour pour toi est si grand
Et je ne peux t'en vouloir !
Papa, je regrette ton départ si rapide
Et je pleure chaque jour ton absence.
Pourquoi es-tu parti si rapidement,
En me laissant dans les bras de mon tyran !
Je peux et dois te laisser partir
Maintenant que ton devoir est accompli.
Continue de me protéger, je dois vivre ma vie…

***

Octobre 1973

Quand je suis arrivée,
Je t'ai trouvé sur ce lit
De douleurs et de désespoir.
Qu'étais-tu devenu cher papa ?
Un être décharné et brûlé
Par ces rayons qui devaient te soigner !

Je ne dormais pas cette nuit-là,
Je suis descendue et t'ai entendu
Sur ces wc, pleurer et gémir !!!
Je t'ai aidé à te recoucher,
Et j'ai vu ton pauvre corps dénudé,
Couvert de brûlures et de bleus…
Moi qui portais la vie,
J'aurais voulu te redonner
Ce souffle qui te manquait.
Ta main s'accrochait à moi,
Et tes yeux me disaient ton désespoir.
Tu me répétais « ne pars pas »
Et pourtant, c'était déjà trop tard !
Nous avons parlé toute la nuit,
Nos détresses se rejoignaient
Tu me disais combien tu regrettais
La vie que je menais et tous mes ennuis.
Lorsque je t'ai quitté pour retourner vers mon destin,
Le tien était déjà tracé,
Tu repartais vers cet hôpital malsain,
Où tu allais mourir dans ta nudité.
Papa, combien de fois, t'ai-je appelé et supplié
Du haut du ciel, de m'aider et me protéger !!!
Tu m'as certainement entendue et défendue,
Car aujourd'hui, ta vie et la sienne sont confondues.
Je t'aime papa, tu me manques tellement
Et malgré les années passées,
Tu restes toujours dans mon cœur blessé,
Et tu seras pour moi un papa, éternellement !!!

***

Maman

Tu m'as donné la vie,
J'étais si fragile et petite
Lorsque papa m'a retenue
Dans ses grandes mains charnues.
Nous as-tu aimé vraiment,
Toi qui n'as pas eu l'amour de ta mère ?
As-tu aussi vraiment aimé notre père ?
Tu sembles si froide et distante,
Pourtant nous étions sept enfants !
Ton affection nous a manqué,
Nous attendions tellement de baisers,
Mais tu ne savais pas nous en donner.
Maintenant que le temps t'est compté,
Nous attendons encore ton amour.
Ton cœur est dur et sec,
Ta tête n'est plus très nette,
Mais j'espère encore un geste
Qui, je sais, ne viendra jamais.
Maman, quand je te prends la main,
Je sens la vie qui s'en va….
Ton sourire n'est plus qu'un dessin,
Sur ton visage bouffi et las….
Tes yeux bleus sont vides,
Et ton corps, que douleurs trop vives.
Nous nous reverrons, petite mère,

Là où nous attendent notre père,
Notre sœur trop tôt disparue,
Et ceux qui t'ont bien ou mal connue…
Je t'aime, malgré tout le mal
Que tu as fait autour de toi…
Tu nous manqueras
Et après ton départ,
Nous serons tous des orphelins…

***

Ma sœur

Depuis notre enfance,
Tu es toujours ma grande sœur,
Sage, protectrice et tendre,
Une sœur au grand cœur.
À l'école, tu me défendais
Contre mes ennemis imaginaires,
À la cantine, à la gym,
Tu étais toujours là pour moi.
Quand tu es partie de la maison,
Tu as laissé un grand vide,
Même si c'était pour ton bonheur !
Ton absence a été pour moi une douleur…
1969, année de tous les départs,
Ma sœur a convolé,
Mon grand amour s'est envolé,
J'étais là mais trop souvent à part.
Je t'ai retrouvé et malgré les années,

Tu n'as pas changé,
Toujours sage, protectrice et tendre,
Comme au temps de notre enfance.
Gérard t'accompagne depuis tant d'années
Et tous les deux, vous m'avez entourée,
Dès que je suis arrivée à Louverné,
Au mois de janvier dernier.
Maintenant que je vous ai retrouvés,
Je ne vais plus vous lâcher…
Adieu les dures années passées
À me demander ce que vous deveniez.

***

Madeleine

Tu étais la femme de Michel,
Vous vous êtes connus bien jeunes,
Et lorsqu'il t'a amené à la maison,
Nous sommes tombés sous ton charme.
Tu n'étais pas bien grande
Et pourtant vous faisiez un beau couple.
Ton look était particulier,
Jupe courte, talons et chapeau…
Papa était en adoration…
Je te rejoignais le soir,
Dans ta chambre de bonne,
Lorsque j'allais au cours de code
Et quand Michel travaillait de nuit.
Je te faisais couleurs ou mises en plis

Et tout en discutant joyeusement,
Le temps passait très vite.
Alors tu me raccompagnais, car curieusement,
J'avais peur de rentrer seule la nuit.
Pour ton grand jour,
Je t'ai prêté ma robe de mariée,
Mais cela t'a-t-il porté bonheur ?
Un jour, tu m'as appelé,
Tu étais hospitalisée…
Je n'y ai pas prêté attention,
Car tu avais eu déjà des hospitalisations.
Mais après plusieurs appels de toi ou de moi,
Tu voulais reprendre nos conversations futiles
Quand nous étions jeunes filles,
Et j'ai compris que la fin était proche.
La douleur a été fulgurante !
Je n'ai pas pu te revoir,
Mais ai-je réussi à te faire sourire,
Derrière ta façade de femme enfant ???

***

Mon amant

Lorsque je t'ai aperçu ce soir de décembre,
Même cache, je t'ai reconnu,
Un immense frisson m'a parcouru
Et j'ai su que je te reverrai avant les cendres.
Mon corps était en demande,
Depuis si longtemps abstinent.

Au premier regard, j'ai vu qu'il fallait que je succombe
Et quand tu as posé ta main sur moi,
Tu as déclenché une débandade de frissons…
Une conversation, un échange, un geste,
Et l'explosion a été foudroyante !
Le premier baiser était une longue attente
Et tes doigts, parcourant mon corps moins leste
Ont engendré une longue émotion.
Enfin je connais la grandeur
Et celle-ci n'a d'égal que ma candeur…
Aujourd'hui, je prends ces petits moments de bonheur
Avant que la vieillesse ne soit, pour moi, que douleurs.

***

Laval

Petite ville de l'ouest, ma ville natale,
Je t'ai quittée en 1971, petite…
Je te retrouve aujourd'hui agrandie,
Tu n'es vraiment pas banale !
Laval, ville de lumières,
Avec ton vieux château,
Ta Porte Beucheresse,
Ton Palais de justice,
Ton jardin de La Perrine,
Comment ai-je pu si longtemps t'oublier ?
Quand je suis revenue vers toi,
Je ne t'ai pas vraiment reconnue …
Tu sembles tellement changée

Et pourtant, tu es toujours la même !
J'ai parcouru, à pieds, tes rues
Dans le vieux Laval…
Malgré tout, je ne me suis pas perdue
Parce que mon cœur était resté à Laval.
Ta mairie, où j'ai été déclarée,
Et où je me suis mariée,
Toujours majestueuse et imposante
Est bien plantée au centre.
Le centre-ville, grouillant de monde,
N'est presque plus le même.
Des magasins que j'avais connus,
Certains ne sont plus là,
Chezot, Nouvelles Galeries et tant d'autres
Ont été remplacés de-ci, de-là…
Mais la montée de la rue de Bretagne,
Que nous avons si longtemps empruntée,
À pied avec nos sacs à bout de bras,
Est devant moi et je la reprends comme autrefois …
Le Vieux Pont, le Pont Neuf, le viaduc,
Mes yeux ne sont pas assez grands
Pour emmagasiner toutes ces images déjà vécues.
Et pourtant ils sont encore présents,
Ta gare, par laquelle je suis arrivée,
Et cette avenue qui n'en finit pas,
Et qu'on empruntait à pied l'été,
Pour aller à Saint-Malo est aussi là !!!
Oui, Laval, aujourd'hui je reviens vers toi,
Et si ce retour n'est pas vraiment gai,

Je sais que je reviens malgré moi.
Je roule sur cette autoroute,
Et j'engouffre ces kilomètres
Pour arriver au plus vite,
Car tu m'attends Laval, ma ville natale…

***

Mon amour perdu

En 1966, j'avais seize ans quand je t'ai connu.
Tu es arrivé sur ta motocyclette,
Comme un cavalier sur sa monture,
Avec ton sourire charmeur sur les lèvres.
Ton regard vert m'a enjôlé,
Tes cheveux blonds, bien coiffés,
Et ton corps d'athlète,
M'ont transpercé le cœur !
L'ange de l'amour, Cupidon,
A décoché sa flèche d'amour,
Le coup de foudre a été instantané
Et totalement partagé…
Malgré tout ce n'est pas toi
Le père de mes enfants adorés,
Pourtant, j'aurais tant aimé
Qu'ils soient de toi…
Savent-ils que je leur parlais de toi
Quand ils étaient dans mon ventre !
Je ne le sais pas et pourtant je le faisais
Malgré leur père à mes côtés.

Toi seul a compté pendant toutes ces années
Et toi seul compte encore aujourd'hui…
J'aimerais pouvoir te revoir
Afin de finir notre histoire,
Je t'ai pourtant retrouvé, une fois par lettre,
Et la seconde fois par internet.
Nos conversations virtuelles ont été un bonheur,
Même si ce n'était qu'un leurre.
Peut-être un jour, nous reverrons nous ?
Que ferons-nous alors ?
Nous nous dirons peut-être adieu,
Sans pouvoir nous appartenir…
Que te dire si ce n'est « je t'aime »,
Et je t'aimerai toujours, mon amour perdu…

***

Les amis

Les amis vont et viennent,
Au gré des années qui défilent.
Mais les vrais amis restent,
Dans le bonheur comme dans le malheur.
Nous en avons beaucoup épuisé,
Pourtant, aujourd'hui que je suis seule,
Certains se sont envolés et d'autres restés,
Et je sais que je peux compter sur eux.
Amis d'enfance, amis d'adolescence,
Amis de couple, amis de voyage,
Amis d'association, amis de voisinage,

Mais dieu que les amis me transcendent.
Famille, amis ; j'ai besoin de vous,
Pour vivre, sourire, même rire.
Ne me fermez pas la porte,
Sans vous je ne suis pas très forte.
Belle colombe, envole-toi dans le ciel bleu azur,
Vers mes amis et ma famille pour leur apporter
Le bonheur, la paix et la joie, et je t'assure
Qu'ils seront toujours dans mon cœur blessé.

***

Mes enfants

À vous mes enfants, si vous saviez
Comme je vous ai aimés petits
Et vous aiment encore plus aujourd'hui,
Mais il semble que vous l'ayez oublié…
Pourquoi le remord me ronge-t-il encore ?
J'ai tout fait pour vous pendant des années,
Mais n'était-ce pas assez encore ?
Bébé, à l'abri de mon ventre, je vous ai parlé
De cet amour que j'avais perdu,
Mais l'aviez-vous vraiment entendu ?
Nous écoutions de la musique et des chansons,
Je vous entendais chanter pour m'accompagner
Et je sentais, pour tenir le rythme, vos coups de pieds…
Maintenant que me reste-t-il de ces années passées ?
Un souvenir de grand bonheur avec vous quatre
Ternit par le remord de ne pas avoir été assez forte

Pour tenir tête à votre père, obnubilée par sa volonté.
Vous m'en voulez, je le sais.
Mais qu'auriez-vous fait
Si vous aviez été à ma place ?
On ne peut guère lutter contre la glace !
Il n'y a pas longtemps, je me suis réveillée,
Après le départ forcé de votre père,
Ce que j'ai vu m'a profondément blessée,
Mais je ne peux revenir en arrière.
Mes enfants chéris, je vous aime,
Et même si nous sommes encore très éloignés,
Mon cœur, pour toujours vous accompagne.
Mais souvenez-vous, ma vie est très avancée…

***

Les jours heureux

Mes jours heureux, je les ai vécus,
Dans mon enfance,
Puis à l'adolescence,
Entre des parents, des frères et sœurs.
Ma jeunesse était le prémisse d'un bonheur,
Etouffé dans l'œuf,
Par les seules idées injustes
Et la bêtise des adultes !
Mon bonheur de femme,
N'a été et ne sera toujours que mes enfants.
Et même si j'ai fait des erreurs,
Ils resteront mon bonheur.

À l'heure de l'entrée dans la vieillesse,
Mes quelques moments de bonheur
Sont des rendez-vous clandestins
Et les étreintes passionnées d'un amant.
Combien de temps dureront encore ces bonheurs ?
Et me les rappellerai-je assez longtemps ?

***

La course après le temps

Le temps s'écoule comme un ruisseau.
Lorsque nous sommes enfants,
On voudrait grandir et sortir de l'enfance
Pour profiter sur tous les tableaux.
Quand on est parent,
On court toujours après le temps,
Entre le travail, la maison et les enfants,
Nous n'avons jamais le temps !
À la retraite, nous n'avons plus le temps…
On se lève quand on veut,
On fait ce que l'on veut,
À la fin de la journée, nous n'avons pas eu le temps !
Mais un jour, le temps nous rattrape,
Et la pendule s'arrête tout net…
Nous ne savons pas pourquoi tout s'arrête,
Mais voilà, la vie nous passe déjà à la trappe…
Les heures s'égrènent, les jours et les années défilent.
Le temps court, nous rattrape
Et nous entraine vers le grand saut…

Les uns s'en vont, les autres restent.
Ceux qui restent ont toujours tort,
Je suis en tort puisque je suis encore là !

***

Paix, lumière, amour,
Quels bons et beaux mots d'espoir !
Mais en ce monde de fous,
Comment peut-on vivre sans les voir !
Pendant longtemps, mon regard fixait un point
Et quand celui-ci s'est éteint,
Mes yeux se sont tournés vers la lumière
Et j'y ai vu la vie, la joie mais aussi la misère !!!

***

Ma maison

Lorsque je l'ai visité,
Elle m'a passionnée.
J'y ai vu un nid pour mes bébés
Et un repère pour des années.
Mais la lumière s'est éteinte,
Et la maison aussi, après quelques années.
Il l'a laissée s'abimer, se dégrader,
Et moi aussi par contrainte.
Aujourd'hui, je vis seule dans cette maison
Mais le cœur et le bonheur en sont absents
Et quand je pense, plus que de raison,

Je sais qu'il faut la quitter dès à présent…

***

Francis et Anne-Marie

Deux âmes sœurs se sont trouvées,
Au fil du temps, vos liens ont amplifié…
Aujourd'hui, à la soixantaine,
Vous ne jouez plus au croque-mitaine.
Vos enfants ont pris leur envol,
Et vous aussi puisqu'à la moindre occasion
Vous partez vers d'autres horizons,
Pour connaitre d'autres sols.
Au début, vous étiez comme les escargots
Avec votre maison sur le dos,
Mais un jour, vous avez mis pied à terre
Dans ce sud qui vous a été salutaire.
Des amis comme vous
Il n'y en a plus beaucoup…
Alors aujourd'hui, presque tous réunis,
Nous vous fêtons, Francis et Anne-Marie…

***

Les cousins

Vous étiez trois cousins,
Trois frères d'infortune,
Trois petits canards très vilains

Dans des familles sans fortune…
Vous avez grandi dans la solitude.
De famille sans amour,
Vous vivez des situations inopportunes
Dans le désespoir et le non-retour.
Vous vous êtes retrouvés à l'âge mûr,
À l'opposé de votre pays de naissance.
Vous avez tissé des liens avec aisance,
Pendant des années, jusqu'à l'ultime rupture.
Un jour, le premier a quitté le navire,
Les deux autres ont beaucoup pleuré.
Le second a suivi sans rien dire,
Le dernier s'en est allé les retrouver.
De là-haut, si vous nous voyez
Vous devez bien rigoler.
Vos trois femmes sont restées
Et n'ont que leurs yeux pour pleurer.
Maintenant que vous vous êtes retrouvés,
Vous devez souvent discuter
De vos projets non aboutis
Ou de vos familles enfin réunies.
Vous étiez trois cousins, en attente,
Trois enfants de Charente,
Trois garçons mal aimés,
Trois hommes enfin délivrés…

***

Les cousines

Nous sommes trois cousines,
Trois épouses abandonnées par leurs maris,
Trois femmes blessées par la vie,
Trois mères comblées par leurs familles.
Nos hommes aimaient se rencontrer,
Ils parlaient souvent de leur enfance
Dans leur pays de Charente,
Et de leurs jeunesses mouvementées.
Nous les écoutions raconter leurs fredaines,
Même si ce n'était pas très passionnant,
Nous profitions de leurs rengaines
Tout en rigolant ou chuchotant.
Maintenant qu'ils ne sont plus,
Ce n'est pas facile de sourire,
Car il nous manque leurs fou-rires…
Nous ne les verrons jamais plus…
Les souvenirs et les photos nous restent,
Et même si nous avons les mêmes gestes,
Ils sont encore bien présents
Au fond du cœur de leurs enfants…

***

Mon ami lointain

Tu ne me connais pas,
Je ne t'ai jamais vu,
Mais je sais que tu es là,

Et que tu attends ma venue.
Je sais ton nom et ton prénom,
Tu m'écris des messages charmants,
Je sens ta présence constamment
Et j'épelle ton prénom…
Nous nous verrons un jour,
Me déclareras-tu ton amour ?
Qui sait si pour toi, mon amour,
Mon cœur brisé s'ouvrira un jour…

***

L'amour sensuel

Mes yeux s'embrument
Et je soupire,
Ton visage s'illumine
Et tu esquisses un sourire.
Tu me murmures des mots tendres
Et je me blottis contre toi.
Ta peau a le goût de l'amande
Et mon corps est en émoi.
Nos cœurs battent à l'unisson
Et bientôt nous sommes en union.
Tes caresses douces et sensuelles
M'emmènent au septième ciel.
Dieu que le bonheur est léger,
Nous flottons dans l'air embaumé.
Nous nous endormons enlacés
Après nos sens apaisés.

***

Rêves d'amour

Cette nuit, bien au chaud sous ma couette,
Mes pensées m'emmènent bien loin de mon lit.
Je te retrouve, et dans tes bras, je me blottis,
Nos corps ne font plus qu'un comme en rêve.
Tu me susurres des mots de tendresse
Et tes caresses sur mon corps dénudé
Me transportent vers l'immensité,
Où une pluie d'étoiles me transperce.
Que n'ai-je connu ce grand bonheur,
Avant que tu viennes m'enlever !
Je ne sais plus ni le jour, ni l'heure,
Je ne veux que te voir et t'écouter.
Mon cœur bat la chamade,
Je ne me lasse pas de t'entendre.
Emmène-moi en balade
Et continue de me surprendre.

***

Lingerie fine

En pensant à lui,
Je me suis acheté des dessous sexy.
Je ne peux que rêver
Qu'il aura une arrière-pensée.
J'aime cette lingerie fine et satinée

Quand pour lui, je l'ai revêtue.
La dentelle sur ma peau nue
Me donne l'envie d'aimer.
Je vois ses yeux me dévorer,
Je sens ses mains dessiner mon corps
Puis doucement me déshabiller,
Et je frémis sous notre corps à corps.
Ma lingerie est tombée à mes pieds,
Je m'évertue à tout lui retirer,
Mais mes gestes sont malhabiles et hagards,
Et mes yeux cherchent son regard.

***

Longue attente

Vingt ans sans amour,
Vingt ans sans tendresse,
Vingt ans à attendre un geste,
Vingt ans à croire encore à l'amour…
J'ai attendu que tu viennes,
Aujourd'hui tu es là…
J'attends enfin que tu m'enlèves
Pour vivre près de toi.
M'attends-tu depuis longtemps ?
Ou as-tu pris ton temps ?
N'oublie pas que le temps passe
Et que la vie me lasse.
Un ange est passé
Et tu es resté !

***

Petits matins

Une sonnerie douce à mon oreille
Et ta voix me réveille.
Tes mots tendres et tes baisers
Me comblent de gaieté.
Je te sens près de moi,
Mais ce n'est qu'un leurre…
Mon traversin contre moi
Te remplace sans bonheur.
Quand viendras-tu ?
Quand m'enlèveras-tu ?
Je t'attends depuis si longtemps,
Mais le temps passe, mon Dieu, le temps…

***

Premier Mai

Ce matin, il pleut à grosses gouttes,
Mon cœur n'est que chagrin…
Mon amour tu es si loin,
Mais ne serais-tu pas sur la route ?
Combien de kilomètres nous séparent
Encore l'un de l'autre ?
Me ferais-tu le grand bonheur
De venir me surprendre ?
Je t'envoie ces quelques clochettes,

Ce n'est qu'un modeste porte-bonheur,
Porte-le contre ton cœur,
Et tu sauras comme elles me reflètent.
Aujourd'hui le ciel pleure,
Et toi, mon amour, où es-tu ?
Enlève le doute de mon cœur
Et donne-moi un peu de tes vertus…

***

Désespoir

Mon cœur s'emballe
Quand je te regarde,
Il bat à tout rompre,
Ton visage me hante.
Que vais-je devenir sans toi
Si tu ne tiens pas tes promesses.
Tu as envahi tout mon être
Et je ne peux plus me passer de toi.
Appelle-moi, écris-moi,
Ne me laisse pas sans nouvelles,
Je ne supporte plus ma citadelle
Quand je ne sais rien de toi…
Connecte-toi,
Téléphone-moi,
Ne me laisse pas seule,
Sans toi je suis aveugle…
Je suis follement,
Désespérément,

Et amoureusement
Dépendante de ton envoûtement…
Comment as-tu fait pour me posséder ?
Pratiques-tu le vaudou ?
Je n'ai plus l'envie d'être dans le doute,
Rassure-moi, car je suis traumatisée…

***

Grand-mère Lucie

Petit bout de femme,
Aux cheveux blancs
Et au regard fuyant,
Énergique et pourtant calme…
Grand-mère Lucie,
De toi, j'ai le souvenir,
Dans ce bateau lavoir,
À genou, avec ce battoir.
Au fond de cette ruelle,
Au premier étage, une pièce sombre,
Un lit de coin et un carillon,
C'était bien réel…
Nos repas familiaux du dimanche,
Les chamailleries habituelles,
Ce petit air, tout en tricotant,
Je me souviens, « elle est morte Adèle… »
C'est un temps bien lointain,
Et pourtant, en mémoire, il me revient,
Ce jour d'été où tu es partie

Rejoindre le paradis.
Ce baiser sur ton front glacé,
Que je t'ai donné,
M'a laissé le souvenir douloureux
D'un bien triste adieu.

***

Si vous saviez…

Si vous saviez comme les souvenirs,
Qui me reviennent souvent la nuit,
Sont difficiles à supporter quelquefois,
Entre les larmes et les joies…
Ces mots que je couche sur le papier
Sont des brûlures sur mon cœur brisé.
Mon crayon étale ma douleur,
Et ma vie sans couleur.
Ce serait peut-être une délivrance,
Pour ma très grande souffrance,
Mais certainement pas un exutoire,
Je dis adieu à mon désespoir.

***

Mes bébés…

Mais où sont mes bébés,
Pour qui j'ai tout donné ?
Ils se sont envolés

Pour prendre leur liberté.
Mes douces princesses
Aux cheveux d'or auréolés
De boucles blondes,
Aux yeux en amande,
Sont parties faire leur nid
Très loin d'ici.
Mes fées de lune argentée
Et bleu azur,
Ma petite danseuse étoile,
Au tutu rose et chaussons de toile,
Et mon bébé joufflu
Sur la scène complètement perdu,
Cherchant mon regard
Pour se rassurer…
Je vous cherche dans mes placards,
Mais j'ai perdu les clés.
Et toi, petit tourbillon,
Courant nu dans les vignes,
Tes cheveux bouclés et si blonds,
Tombant sur tes épaules graciles,
Où partant seul avec ta valise
Pour rejoindre une éphémère chenille…
Tu joues dans la cour des grands,
Très loin sur ce continent,
Espérant le bonheur,
Qui je sais est dans ton cœur.
Où êtes-vous mes bébés,
Dans ma mémoire bien cachée !!!

***

La nuit

Dans le silence de la nuit,
Mon esprit s'envole vers toi.
Pourquoi es-tu si loin de moi ?
Je ferme les yeux et tu me souris.
Sais-tu qu'il est long le temps sans toi ?
Mais viendras-tu un jour,
M'enlever et m'emmener près de toi,
Pour y finir mes jours…
Tes mots si doux, si tendres,
Me comblent de bonheur
Et j'attends l'heure
Où je pourrais enfin les entendre.

***

Sombre dimanche

Aujourd'hui dimanche,
Je suis seule sans toi.
Depuis ce matin, tu ne réponds pas !
Où es-tu mon amour ?
Que fais-tu ce dimanche ?
Mon cœur chaviré,
Par nos ébats d'hier soir,
Saigne et mon cœur est en peine.
Je tourne en rond,

Dans cette maison
Où tu n'es pas…
Reviens vite, mon amour…
Je crois t'entendre,
Mais ce n'est que mon désir
Qui frappe en mon cœur
Et qui meurt
Sur la cloison de notre amour.

***

Doutes

Ce soir, je doute de tout.
Je ne sais plus qui il est,
Je ne sais plus d'où il vient,
Je sais seulement que j'en suis folle !
Je recherche son nom sur internet,
Je le trouve comme architecte !!!
Est-il vraiment l'homme qu'il dit ?
N'est-il pas un autre ?
Je me pose tant de questions
Qui restent sans réponse…
Est-il l'homme de ma vie ?
Aujourd'hui, oui…
Mais me ment-il ?
Il a pris toute ma vie !!!

***

Bonheur

Ce soir, mon cœur bat très fort,
J'ai attendu toute la journée de te voir.
L'heure du rendez-vous a sonné,
Et tu es là, si loin et si près à la fois…
Je sens ton front se plisser
Quand sur toi j'émets des doutes…
Ton sourire s'est figé,
Et tes yeux sont embrumés.
Je me sens coupable de ta souffrance,
Et mon cœur débordant d'amour se brise.
Mais bien vite ton visage s'illumine
Et je me sens revivre.
Nos deux êtres auréolés par l'amour
Transforment nos corps en un bouquet de roses.

***

Jour de départ

Ce matin, j'ai le cœur chagrin
Puisque tu t'en vas.
Il se brise comme le verre
Et je ne peux le recoller.
Comment va ton cœur, mon amour ?
Pleure-t-il autant que le mien ?
Le temps me paraitra long
Jusqu'à ton retour.
Je voudrais voir ton sourire

Mais la caméra est cassée !!!
Ta photo ne peut la remplacer…
Et je sais que tu vas en sourire !!!
Dieu que le temps est long sans toi,
Mais bientôt nous serons réunis
Puisque toi et moi
Ce sera pour la vie avec Marie !!!

***

Plaisir

Encore un jour sans toi,
Les jours ne passent pas vite sans toi,
Les heures s'arrêtent sans toi,
Ma vie n'existe pas sans toi.
Lorsque je te regarde,
Mon cœur s'emballe,
Mes jambes sont molles
Et ma tête est folle…
Je pense à toi sans arrêt,
Je sens des bouffées de désirs
Envahir mon ventre durci,
Et tu restes en moi pour le plaisir.
Plaisir de t'aimer,
Plaisir de te donner,
Plaisir de te recevoir,
Plaisir d'être avec toi.

***

Rêve ou réalité

Je me suis couchée, hier soir,
En pensant à toi.
Mon esprit se met à rêver,
Tu es là près de moi, allongé.
Tout doucement tes bras m'entourent
Et tes mains me parcourent.
Tes lèvres prennent les miennes
Et la réalité devient un rêve.
Je m'offre à toi comme une fleur,
Tu me butines comme une abeille.
Je sens ton cœur contre mon cœur
Et nos corps se mélangent sans pareil.
Je reviens à la réalité,
Mon corps mouillé
Me dit que je n'ai pas rêvé
Et je me cache la réalité…

***

Randonnée à Barry

Cet après-midi, je suis allée marcher,
Le groupe nous a emmenés à Barry.
Comme il est agréable de flâner
Dans l'humidité des sous-bois de Barry,
De voir la beauté de cette verdure
Et de sentir ce petit air pur.
La grimpette est parfois compliquée,

Les chemins caillouteux
Nous semblent sans fin et boiteux.
Mais nos efforts sont vite récompensés…
Cette petite chapelle, blottie sur un rocher,
Me fait découvrir une vue splendide
Sur un paysage de grande beauté
Et j'en suis émerveillée et avide.
Quel dommage de découvrir si tard
Des merveilles dans les sous-bois,
Mais les gens ne s'en préoccupent pas
Et dégradent les splendeurs de ces bois.

***

Soulagement

Aujourd'hui, curieusement,
Je suis soulagée !!!
Tu avais outrageusement
Pris mon esprit embrumé…
Mon cœur était submergé
De tes mots doux et tendres,
Et mon corps consumé
Sous tes caresses imaginaires.
Hier soir, tu m'as brisé le cœur
Et je ne pourrai pas supporter ce malheur.
Comment as-tu pu profiter de mon bonheur ?
Alors pour toi, tout n'était qu'un lèurre ?
Ma tête explose,
Mon cœur se brise,

Mon corps se fane
Et mon chagrin immense…

***

Liberté

Qu'il est bon de se sentir libre,
Libre d'aimer,
Libre de vivre,
Libre aussi de partager.
Pourquoi as-tu tenté de me piéger ?
Comment as-tu pensé réussir ?
Tu as voulu m'endormir,
Mais c'est toi qui va payer.
Je suis prête à te pardonner
Si tu dis que tu t'es trompé .
Vraiment ton mensonge était grossier,
Mais je ne veux plus être leurrée !!!
Tu m'as redonné ma liberté.
Je suis libre enfin d'aimer.
Je sais que je vais le rencontrer
Cet homme que je pourrais aimer.

***

Rencontre

Qu'y a-t-il de plus beau qu'une rencontre ?
Un sourire charmeur,

Des yeux rieurs,
Un mot affectueux,
Un geste tendre,
Et voilà tout ce que je demande !
Mais quand se fera- t-elle ?
Au détour d'une ruelle ?
Pendant un voyage ?
Au cours d'un repas ?
Je ne sais pas mais elle viendra,
Le jour où je ne m'y attendrai pas !
Pendant ce temps, je t'attends,
Toi qui dois venir m'enlever
Et m'emmener loin de ce carcan
Qui m'a privé de toute liberté…

***

Spiritualité

Quand j'ai croisé votre regard,
Dans la nef de cette chapelle,
Ça pouvait paraitre ringard,
Mais l'instant était surnaturel !!!
Est-ce l'influence du lieu ?
Est-ce la présence de Dieu ?
Est-ce la mélodie des chants pieux ?
Je me suis retrouvée dans les cieux !!!
Ce regard m'a-t-il vraiment croisé ?
L'immensité de ces yeux bleus,
La douceur de ce regard volé,

M'ont emmenée dans un ciel très bleu.
M'avez-vous vraiment vu ?
Moi qui étais perdue,
J'avais besoin de votre attention
Et que vous me donniez une bénédiction…

***

À la recherche du bonheur

Où es-tu petit bonheur ?
Niché au fond de mon cœur ?
Au fin fond du Canada ?
Peut-être en Alabama !!!
Je te cherche partout
Et ne te trouve pas…
Es-tu si bien caché
Que je ne peux te trouver ?
Tu es parti un beau matin,
Sans me dire où tu allais,
Je ne sais plus qui tu étais,
Peut-être une aventure sans lendemain…
Combien de temps vas-tu te cacher ?
Comment vais-je te retrouver ?
Si tu ne me donnes pas une indication,
Je ne pourrai pas prendre la bonne direction !
Donne-moi le signal de départ
Pour virer dans ton sillage.
Tu ne peux pas me laisser choir,
Sur la place de ce village !

Viens à mon secours petit bonheur,
Et redonne-moi le goût de vivre.
Je ne sais pas si je vais survivre
Puisque tu as brisé mon cœur…

***

Identité volée

Un nom, un prénom,
Un pays, une ville,
Une photo, un sourire,
Sur le net, un message,
Puis tu disparais…
Une identité volée,
Une adresse extorquée,
Une vidéo truquée,
Tu m'as bien trompée !!!
Puis de nouveau un message
Qui demande de l'aide,
Un désarroi simulé
Et tu me fais craquer…
Je comprends que tu mens,
Et je t'envoie dans tes retranchements.
Je te fais croire que je vais t'aider,
Mais pas de chance, car je t'ai dénoncé.
J'ai aimé la photo de ce prince charmant,
L'homme était très séduisant !!!
Où est-il vraiment, il doit bien exister
Et comment faire pour le retrouver ?

***

Ma peine

Depuis que vous êtes nés,
Je vous ai tout donné.
Souvent je me suis privée
Et pourtant je n'ai jamais renoncé.
C'est vrai que j'ai des difficultés
Quand il faut communiquer.
Je n'ai jamais été habituée
À me plaindre et à expliquer.
J'ai toujours gardé pour moi
Mes peines et mes désarrois.
Vous vous êtes éloignés de moi
Et je n'ai pas su vous retenir…
Je pensais qu'il me fallait sourire
Et je n'ai pas vu vos émois.
Mon Dieu que le temps passe vite,
Vous avez fait votre vie sans moi,
Et je suis désemparée de voir
Que vous pensez que je suis une égoïste !!!
Égoïste de vouloir penser enfin à moi,
Égoïste de vivre un peu sans vous
Alors que je ne cesse de penser à vous,
Même si je n'en parle pas…
C'est vrai que je ne sais pas vous parler
Car souvent je suis bloquée,
Ce soir, je préfère mettre sur papier

Mes mots et mes idées…

***

L'homme au chapeau noir

Une silhouette se dessine,
Au coin de la route de Nîmes,
Un homme à l'allure juvénile
Avance d'un pas tranquille.
Un homme au chapeau noir
Regarde fixement le trottoir,
Il marche sans s'arrêter
Avec la tête baissée.
Mais à quoi ou qui songe- t'il
Cet homme au chapeau noir ?
Il flotte autour de lui,
Un halo de lumière douce !
Il ôte son chapeau noir,
Ses yeux sombres brillent,
Sur son visage un sourire,
Car sa femme enfin arrive !!!

***

Recevoir et donner

Une idée exposée sur papier,
Un crayon entre les doigts,
Une pensée pour celui qui reçoit,

Un poème écrit pour l'être aimé.
Quelques mots pour entrer en relation,
Une parole pour dire son émotion,
Un sourire pour donner le change,
Un geste qui scelle notre échange.
Une main tendue,
Un baiser volé,
Une caresse reçue,
Une envie de recevoir et donner.
On peut toujours espérer
Avoir un amour partagé,
Mais recevoir et donner
C'est l'espoir d'une vie rêvée…

***

Une amie

Un jour, une rencontre organisée,
La compagne d'un ami,
Petite brune aux cheveux ondulés,
Elle est devenue mon amie.
Je suis au désespoir,
Elle me calme et me console,
Elle me redonne l'espoir,
En m'inondant de paroles.
Avec elle, les douleurs s'envolent
Car elle a le don d'apaiser.
Si mon cœur est en souffrance,
Un simple coup de téléphone,

Et elle le remet sur le sillon franc
D'un vieux gramophone.
Ses mains délicates vous entourent,
Et aussitôt vous voyez la lumière.
C'est l'amie dont tout le monde rêve
Et que l'on ne trouve guère…

***

Soirée d'anniversaire

Une soirée entre amis,
Deux anniversaires à fêter,
Des cadeaux à distribuer,
Et vous êtes tous là mes amis.
Pour vous ce soir, j'écris ce poème,
Pour vous dire que je vous aime,
Et combien par votre attitude,
Vous savez combler ma solitude.
Par vos yeux mouillés de larmes,
Je sais que vous avez compris,
Que ce soir il était ici,
Quand vous avez vu la casquette Ferrari.
J'aurais aimé faire plus,
Mais je ne me souviens plus
Où j'ai mis ce qu'il aimait le plus,
Ce blouson rouge… C'est donc résolu !!!

***

L'atelier

Pourquoi tout cet outillage
Pour le bricolage ?
Il ne voulait plus bricoler
Dans cette maison jamais terminée…
Je suis écœurée de voir tout ça
Dans tout ce fatras !!!
Nous avons tant ramé,
Pendant ces quarante-deux années !
Tout est multiplié,
Tout est dupliqué,
Et pourtant il aurait pu
Faire des merveilles, s'il avait voulu !
Il m'a laissé un matériel
Qui me semble irréel
Puisqu'il ne me servira à rien
Dans un atelier archi plein…

***

Allemond en Isère…

C'est un petit village,
Au creux de la montagne,
Un écrin de verdure
Et un coin d'air pur.
Allemond, en Isère,
Loin du bord de mer,
Sous la pluie ou sous la neige,

C'est un village comme on aime…

***

Mes pensées

L'ange du bonheur apporte la chaleur,
Et l'ange de la mort, le froid…
Je t'ai attendu toute la soirée
Et tu n'es pas venu.
Je ne sais que penser
Et je suis perdue…

***

Espoir

En attendant de te rencontrer,
J'imagine ton visage.
Un regard doux et tendre
Mais avec une lueur malicieuse.
Tu me cherches des yeux
Et je sens ton regard me pénétrer.
Tu scrutes mes pensées
Et je ne te donne pas mes aveux.
Tu prends ma main dans la tienne
Et tu me caresses la joue,
Je pose ma tête sur ta poitrine,
Tes doigts parcourent mon cou.
Je me sens bien au creux de tes bras,

Je sens ton cœur qui bat,
Tes lèvres cherchent mes lèvres,
Ton amour me donne des ailes…

***

Un jour sans toi

Que l'attente est longue,
Une journée sans toi,
C'est le calvaire sur terre
Et le désespoir en moi.
Je ne peux rester un jour sans toi,
Tu as envahi mon cœur
Et mon esprit est rempli de toi.
Comment as-tu fait en si peu d'heures ?
Trop de kilomètres nous séparent,
Je ne sais si je te verrais,
Mais tes messages sont chauds et vrais,
Et je les attends avec impatience.

***

Chagrin

Tu t'es envolé ce matin,
Au chevet de ta maman.
Hier soir, tu n'étais que chagrin
Et j'aurais aimé te tenir la main.
Dis-moi pourquoi tu souffres

Et je calmerai ta douleur
Avec des mots tendres
Et des baisers sur ton cœur.
Donne-moi ton amour
Et je te donnerai en retour
Tout ce que mon cœur
Peut te donner en bonheur.

***

Je plane…

Ce matin, j'ai pris un planeur,
Et je suis montée dans les nuages,
J'ai survolé les alpages
Pour retrouver mon bonheur.
Je te vois, tu es là,
Les yeux mouillés de pleurs,
Tu me prends dans tes bras
Et je me blottis contre ton cœur.
Tes yeux bleus me poursuivent
Et ton sourire me charme.
Le son de ta voix mélodieux
A eu raison de mon cerveau silencieux.
Tes doux mots enjôleurs
Ont touché mon cœur.
Est-ce un doux rêve
Qui me passe par la tête
Ou un merveilleux songe
Les yeux ouverts…

***

Troubles

Qu'y a-t-il de plus doux
Qu'un joli poème
Envoyé par un amoureux fou
Sur une boite mail ?
D'où vient-il ?
Qui l'a écrit ?
Je ne peux le dire
Mais c'est un vrai plaisir.
Je ne connais pas son prénom,
Doux et charmant,
Deux syllabes, un son
Merveilleusement envoûtant.
Est-il grand ?
Comment sont ses yeux ?
Est-il jeune ou vieux ?
De lui, je reçois ce poème troublant !!!

***

L'attente

Ce soir, seule dans mon lit,
Je me surprends à rêver.
Je pense à la place vide,
À celui qui sera à mes côtés.
Je me demande souvent

Quand il arrivera,
Comment il sera
Et pourquoi est-il si lent ?
Demain, peut-être ?
Mais aujourd'hui, je t'attends,
Ce soir c'est la défaite
Et il me cherche certainement !
Dépêche-toi,
Accroche-toi,
Car je sais que tu viendras
Et je serai là !!!!

***

L'imprévu

Toi, mon prince de l'imprévu,
Tu arrives quand tu veux,
Les mains dans les poches
Et le sourire aux lèvres.
Tu m'embarques dans un délire,
Le matin au saut du lit,
Ou le soir à la nuit tombée,
Mais toujours dans l'illégalité.
Tu me S.M.S.,
Et je te vois arriver
Par la porte dérobée
Qui se referme derrière toi !
J'aime ces moments d'intimité,
Que je n'ai pas connu avant

Et je bénis le hasard complaisant
Qui t'a mis sur mon chemin…

***

Le Monastère

Il est au fond d'un chemin boisé
Et au bout du monde,
Mais si près de chez nous,
C'est une grande bâtisse blanche…
Vous ne pouvez tromper,
Sur le parking, vous vous garez,
Et vous entrez dans l'univers
De ce grand monastère.
Une odeur de sous-bois,
Un soupçon de spiritualité,
Le son de l'eau qui court
Et vous découvrez la Vierge immaculée…
Les prières et les chants des moines,
Dans la chapelle embaumée,
Vous transportent dans l'immensité
Et vous envahissent de joie.
Vous entrez alors en prière,
Et vous sentez que le bonheur est là
Sur ces bancs de bois
Et le regard bienveillant du Christ.
Les lieux vous redonnent la sérénité
Et c'est sans aucune hésitation
Que vous repartez apaisé

Dans le monde de la consommation.
Vous savez que vous y reviendrez
Car vous êtes toujours attiré
Par Marie, Vierge immaculée
Et le monastère et sa sérénité.

***

Dimanche à la chapelle du monastère

En entrant dans la chapelle,
Je perçois une grande sérénité,
Un silence apaisant et apprécié
Et puis les cloches et son appel…
L'appel de la prière,
Les moines arrivent silencieux,
Et, vous arrivez derrière,
Mais vous paraissez fiévreux.
Votre veste sur vos épaules,
Vous semblez grelotter !
Seriez-vous malade ?
Je vous vois renifler !
Pendant les prières et les chants,
Vous êtes absents,
Votre regard est brillant,
Et votre corps somnole…
Puis les prières se terminent,
Je vous vois disparaitre le premier,
Et très vite le silence retombe
Je suis perturbée.

La chapelle se vide,
Je reste là comme une statue…
La paix est revenue
Et la sérénité aussi…

***

Trois petites notes…

« Trois petites notes de musiques »,
Quelques notes pour des souvenirs.
Des souvenirs d'enfance,
Des souvenirs d'adolescence.
Le matin, les dimanches trop tôt,
Et ses airs d'accordéon,
R.T.L. et la famille Duraton,
« Sur le banc », tellement rigolo !!!
Je me souviens de ces radios
Qu'on écoutait religieusement.
Le soir, en famille ou en solo.
La première télé du quartier,
Le tour de France et le ballon,
Le palmarès de la chanson,
C'était chez nous et c'est arrivé !
Où sont nos belles émissions ?
Cinq colonnes à la une,
Albert Resner et son harmonica,
Mireille et le petit conservatoire ?
Disparu, tout a disparu !
Ces hommes et ces femmes aussi !

Les belles années soixante se sont envolées
Ainsi que ma jeunesse dorée !
J'aimerais bien les retrouver,
Mais les années passent
Et malgré l'âge avancé,
J'y pense encore !!!

***

Retrouvailles

Ce mois de juin est une fête !
Nous nous sommes retrouvés enfin,
Après des années sans fin
De vide, d'absence et de disette.
Nos histoires du passé,
Nos heures de travail acharné,
Nos repas arrosés,
Tout est bon pour s'amuser.
Vous êtes venus sans promesses,
Et pourtant vous avez fait des prouesses
Pour améliorer mon triste quotidien
Et pour retisser des liens.
Je ne sais pas comment vous prouver ma gratitude,
Si ce n'est que par ce petit poème,
Je peux vous dire que je vous aime
Et que je suis devant vous en béatitude.
Je me suis retrouvée près de vous
Comme au temps de mon enfance,
Et malgré toutes mes souffrances

Car je reste votre petite sœur pour toujours…

***

Chute

Ce dimanche de fête des pères,
Je suis allée me recueillir devant la Vierge,
Pour l'implorer et lui mettre un cierge
Lui demandant sa protection pour notre mère.
Je me sentais si proche d'elle,
Et toute absorbée par mes pensées,
Près d'un banc, je me suis approchée,
Pensant pouvoir prier pour elle.
J'ai mal jugé mon approche, certainement,
Et du banc je suis tombée,
Le dos contre les bordures en ciment,
Le bras complètement éraflé !!!
Bien triste résultat pour une prière :
Trois côtes fracturées,
Des nuits entières,
Sans sommeil, calée dans les oreillers…

***

Générations

Quelle est la meilleure génération ?
Celle qui s'est battue pour les libertés ?
Celle qui a lâché la bombe nucléaire ?

Ou bien, celle qui détruit notre planète ?
On peut bien se poser la question,
Mais qui va trouver la solution ?
Peut-être la génération future,
Mais là aussi, j'ai un large doute !!!
La première s'est battue avec acharnement,
Pour toutes les libertés, même les plus improbables,
Et elle a gagné, mais à quel prix !!!
Des millions de morts et la destruction !
La deuxième a fabriqué la bombe nucléaire,
Les grandes inventions, les suffragettes,
Et le résultat, Hiroshima !!!
La troisième détruit tout au fil du temps,
Pollution, déforestation, invasion de plastiques,
Constructions anarchiques,
Cette génération vit à contretemps !
Mais que nous réserve la prochaine ?
L'extinction de la planète
Ou bien la renaissance d'un monde,
Le bonheur et le bien-être ?
J'aimerais vivre dans ce monde merveilleux,
Où le ciel ne serait jamais gris,
Où le bonheur n'aurait pas de prix
Et où les hommes seraient meilleurs !!!

***

Regards

Cet après-midi, je suis arrivée

De bonne heure à la chapelle.
Je vous ai vu entrer par la petite porte
Et vous m'avez longuement regardé.
Puis tout au long des prières,
J'ai senti votre regard
Sur moi se poser.
À la fin de l'office,
Vous êtes resté le dernier,
Et quand je vous ai remis le livret,
D'un merveilleux sourire, vous m'avez remercié.
Mais êtes-vous homme de Dieu,
Ou simplement cherchez-vous votre voie ?
Si c'est le cas, dites-le moi,
Nous pourrions, ensemble, parcourir quelques lieux !!!

***

Les estivants

Ils débarquent avec leurs bagages
Et envahissent les magnifiques plages
Des côtes françaises ou d'ailleurs
En pensant faire comme chez eux à tout heure.
Ils font du bruit et parlent fort,
Jusque tard le soir,
Ne faisant aucun effort,
Passant souvent leurs soirées à boire !!!
Le matin, ils dorment tard,
Ou se dorent sur les plages,
Secouent leurs serviettes sur vous

Pour s'installer très près de vous.
Sur les routes, ils vous suivent
Au cul à cul, ou vous passent devant,
Sans vous prévenir et en râlant
Comme s'ils étaient seuls au monde !!!

***

Encore un jour…

Encore un jour sans vous voir,
Un long dimanche de tristesse,
Un jour où les heures s'écoulent lentement
Le temps passe mollement.
Quand pourrai-je vous revoir ?
Aurez-vous un jour cette délicatesse
De faire ce geste
Que j'attends et que j'espère !
Mon bel ange, vole vers la chapelle,
Dépose un baiser léger
Et une caresse sur le front
De l'homme au merveilleux sourire,
Dis-lui que je pense à lui
Et que je l'attends…
Fais cela pour moi, mon bel ange…

***

Interrogations…

Aujourd'hui, en roulant vers vous,
Je me suis surprise à rêver de vous.
Où êtes-vous ?
Qui êtes-vous ?
D'où venez-vous ?
Quand arriverez-vous ?
Je vous attends depuis si longtemps,
Et pourtant, vous prenez votre temps !
Avez-vous le doux sourire
D'un homme qui veut aimer ?
Trouverai-je dans vos yeux le plaisir
Du bonheur de se senti aimer ?
Le chemin me parait trop long
Pour aller vers vous,
Et les jours, aussi beaucoup trop longs,
Pourtant vous viendrez vers moi un jour…

***

Petits moments…

Une pensée, un sourire,
Un mot, une caresse,
Un baiser léger,
S'effleurer pour mieux s'aimer.
Une chambre ensoleillée,
Un lit moelleux,
Des draps soyeux,

Que demander de plus pour s'aimer…
Un rayon de soleil,
Deux corps entrelacés,
Sur un lit défait,
Deux amants endormis et fatigués.
Un matin gris,
Un grand lit froid,
Un sourire triste,
Il s'en va… Il est parti…

***

Tristes pensées…

Un matin comme les autres,
Tu te réveilles différente,
Tu te demandes ce que tu fais là,
En sachant que tu es chez toi…
Ton corps est là,
Mais ta tête n'y est pas.
Tes yeux cherchent l'autre
Mais ils ne trouvent que le vide !
Alors des larmes coulent sur tes joues,
Mais pour qui sont ces larmes ?
Elles sont pour ta vie passée à donner
Sans jamais penser à toi !
Mais à qui as-tu donné tout cet amour ?
À ton couple, à tes enfants,
Que tu as tant aimé
Et qui te tournent le dos…

Qu'as-tu fait pour en arriver là ?
Tu veux simplement vivre,
Vivre le bonheur et l'amour,
Tout ce qui t'a manqué !!!
Es-tu vraiment si égoïste,
Comme ils le disent ?
As-tu été une mère indigne ?
Tu n'as vécu que pour eux !!!
Maintenant que tu es libre,
Tu veux vivre ta vie,
Sans rendre compte
Et ça te semble normal…
Alors pourquoi est-ce illogique
Pour les amours de ta vie !
N'ont-ils pas pris leur envol
Sans regarder le chagrin dans tes yeux ?
Le désespoir t'envahi le corps,
Et tu as envie de mourir.
Mais la raison est la plus forte
Et tu te battras encore une fois
Pour leur montrer que tu es vivante !!!
N'oublie pas que la vie est un combat
Qui se joue tous les jours,
Plus tard ils comprendront peut-être
Combien ton amour était fort.
En attendant, souris à la vie,
Et pense au bonheur qui t'attend,
À l'amour que tu vas donner
Et à l'homme qui va arriver…

***

Demain

Un matin chaud et ensoleillé,
Une sonnerie de téléphone,
Une voix chaude et suave,
Des mots pleins de douceur…
Est-ce vous qui arrivez enfin ?
Demain un rendez-vous,
Entrerez-vous dans mon jardin secret ?
Comprendrez-vous ma passion monastique ?
Vous ferai-je partager ma vision ?
Ne serons-nous pas déçus par l'autre ?
Nous le saurons demain…
Demain est arrivé,
Un rendez-vous manqué…
Adieu rêve et bonjour réalité,
Il ne faut rien regretter !!!

***

Voyages en musique…

Quelques notes de musique
Dans un haut-parleur
Et vous me faites voyager…
Une plage de Tahiti,
Le sable blanc et chaud,
La mer transparente et bleue,

Vous me faites rêver !
Laissez-moi sur cette île,
Coupée du bruit des vagues,
Et je m'enivre de l'odeur des fleurs de tiaré.
Un retour par l'Italie,
Une tarentelle endiablée,
Et le soir est tombé
Sur un ciel limpide.
Mais une visite et le rêve s'écroule !!!
Du rêve à la réalité, il n'y a qu'un pas…
Un pas qu'il ne faut pas franchir !
Hélas… adieu le rêve et bonjour la terre !!!

***

Passions…

Une rencontre lumineuse,
Un homme charmant,
Un magnétisme envoûtant
Et quelques explications précieuses.
Ma demande est entendue,
Un appel et je suis séduite.
Une conversation téléphonique
Suivie de magnifiques conseils
Sur des livres à lire
Et me voici transportée.
Je découvre cet ouvrage passionnant,
Et je comprends que je dois abandonner
Tout ce que j'ai appris au fil du temps !

Ma vie va changer,
Je le sais maintenant…

***

Nuit d'orage

Une nuit d'orage d'été,
Chargé d'électricité,
A rempli mon corps et mon cœur
D'un grand sentiment de peur.
Je ne suis pas peureuse,
Pourtant je suis envahie, malgré moi,
D'une perturbation douloureuse
Et d'un grand effroi !!!
Seule dans mon grand lit froid,
Pendant ces nuits chaudes d'été,
Je me sens abandonnée
Et je pense souvent à toi.
Toi, qui n'es pas près de moi,
Toi, qui n'es pas encore arrivé,
Prends le chemin vers moi
Et arrête-toi à ma porte d'entrée…

***

Mémoire…

En mettant de l'ordre sans ma mémoire,
J'y ai trouvé des trésors…

Je les ai pris un par un, dans l'ordre,
Pour les contempler une fois encore.
Ils étaient poussiéreux,
Alors je les ai doucement agités
Et à ma grande surprise,
Une poussière d'étoile s'est envolée !
J'ai remis mes trésors
Dans un papier de soie couleur or
Et je les ai déposés
Dans des petits casiers dorés.
Aujourd'hui, j'y ai ajouté
Mon bien le plus précieux
Entouré d'un ruban de satin noué,
Et celui-là, est un souvenir merveilleux.
J'ai refermé les tiroirs de ma mémoire
Avec quand même le désespoir
Qu'un jour, il se pourrait
Que mes souvenirs s'effaceraient…
Souvenirs du passé maintenant,
Souvenirs du temps présent,
Souvenirs des joies et des peines,
Mais merveilleux souvenirs quand même !!!

***

Ma douleur

Douleur, Ô ma douleur
Quand vas-tu disparaitre
Pour laisser mon bonheur

Enfin et pour toujours apparaitre ?
Devrais-je longtemps te supplier
De ne pas envahir ma vie,
De laisser place à mes envies
Et d'enfin mieux aimer.
Douleur, Ô ma douleur,
Laisse-moi du temps,
Du temps pour le bonheur
Que je cherche depuis longtemps.
La vie n'est-elle faite que de malheurs ?
Je suis prête maintenant
Pour accueillir dans mon cœur,
Un amour passionnant…

***

Le paradis

Il fait beau cet après-midi,
J'entre par la petite porte de la chapelle,
L'odeur d'encens flotte
Et le calme me pénètre…
Quelques gouttes d'eau bénite,
Un signe de croix,
Quelques marches à descendre
Et mes pas me dirigent vers le cœur.
Le banc m'appelle et je vais vers lui…
J'implore Dieu et Marie
De m'enlever cette douleur
Et j'entre en communion.

Je me sens envahie par une chaleur,
Je me balance et je vacille
Dès que les frères commencent leurs litanies
Et un tourbillon de douceur m'enveloppe.
Mon corps et mon esprit flottent
Et soudain, une voix à côté de moi !!!
Je me retourne, il n'y a personne,
Mais je connais cette voix douce à mon oreille.
Je suis en fusion totale,
Cette présence à mes côtés n'est pas visible,
Mais je la vois et l'entends…
Il est là près de moi, me rassure.
L'office est fini et les moines sont partis,
Je suis en pleurs et immobile, abasourdie.
Je prie, je remercie l'invisible,
Mon ami me parle, c'est indescriptible !
Puis la chaleur me quitte,
Mon ami me dit qu'il reste près de moi.
Mon corps reprend sa place,
Car je dois rentrer chez moi.
Je suis endolorie,
Je dois reprendre mes esprits,
Mais je suis heureuse et rassurée,
Je ne suis plus seule désormais…

***

Le livre de ma vie

Tu as ouvert le livre de ma vie

Le jour où tu es entré dans ma vie.
Tu ne sais pas l'effet que tu me fais
Lorsque je pense à toi !!!
Viendras-tu encore feuilleter ce livre
Et tourner les pages une à une
Avec amour et tendresse
Pour continuer une merveilleuse histoire ?
Me donneras-tu l'espoir
D'une vie meilleure en amour,
Ou d'une belle amitié
Qui pourrait durer toujours ?
Reviendras-tu effleurer le livre de ma vie
Pour me donner un peu d'amour ???

***

Pèlerinage

J'ai déposé dans ce cimetière
Un énorme sac rempli de pierres
Pour lester les débris de ma vie
Que j'y ai enfouis.
Je devais faire ce pèlerinage
Pour que la fin de l'histoire
Soit écrite à l'endroit où il est né
Et où nous l'avons déposé.
Repose en paix là où tu es
Et laisse-moi vivre enfin en paix.
Tu avais décidé d'écrire cette fin
Et de mes chaines, je suis libérée enfin.

J'ai laissé, dans sa Charente,
Quarante-deux ans de ma vie à deux,
Et je repars seule pour une vie nouvelle
Pleine d'espoir, d'amour et de bonheur…
J'ai déposé dans ce cimetière,
Trois petits cailloux blancs
Sur la tombe de notre Patou,
Devant les colombes de l'amour.
J'ai prié dans cette église,
Pour obtenir de la Vierge Marie,
Le bonheur et l'amour
Pour la fin de ma vie…

***

Voyage en Espagne

J'ai fait un voyage en Espagne,
Un voyage en enfer…
Je croyais trouver, au cours de ce voyage,
L'appui et le soutien de mes amis.
Je n'ai rien trouvé de tout ça,
Juste une grande indifférence
À ma grande souffrance
Et une envie de mourir là-bas.
Ce voyage en Espagne
Devait être le départ
Vers une vie nouvelle,
Il n'a été qu'un ramassis de mauvais souvenirs.
Les amis ne sont plus là,

Ils me l'ont fait savoir comme cela,
Ils ont brillé par leur absence
Dans mes mauvais moments.
J'ai fait un voyage en Espagne et en enfer,
J'en suis revenue malade et dépitée,
Je dois vivre malgré tout et laisser faire
Et ma vie doit continuer…

***

L'imaginaire…

Depuis quelques temps,
Mon cerveau fabrique très souvent
Des écrits imaginaires,
Rien qu'imaginaires !!!
Des sms reçus très souvent,
Trop de questions posées,
Et j'ai imaginé un amant
Qui n'existe pas !!!
Est-ce le manque et l'absence,
Est-ce l'envie ?
Je n'ai pas pu franchir le pas…
J'attends mon prince charmant !!!
Vous avez cru à son existence ?
Il n'existe pas pourtant !
C'est donc que mes écrits sont réalistes
Mais uniquement dans mon esprit…
Mes rêves de lingeries fines,
Mes envies fantaisistes,

Mes amants lointains ou connus,
Sont le fil d'une imagination longtemps retenue !!!

***

Dormir définitivement…

Dormir… Encore dormir… Toujours dormir…
Et ne plus voir la lumière du jour
Et la noirceur du monde réel…
J'ai vraiment envie de dormir…
Voir la lumière du céleste et
Plonger dedans à corps perdu…
S'en imprégner de toute son âme
Et de toutes ses forces !!!
Je laisse une lueur de bougie allumée
Et apaisante pour nos départs,
Maman me suivra car je le lui demande
Tous les jours…
Je vous aime tous !!!

***

Février 2015…

Ce matin, un petit rouge-gorge est venu sur mon balcon,
Il a picoré les miettes que j'y avais déposées.
Puis une fois rassasié, il m'a regardé,
Et m'a dit qu'il t'avait rencontré…
Une larme a coulé le long de ma joue,

Il m'a consolé en me parlant de ton amour…
Je lui ai demandé de te donner des milliers de baisers
Et de rayons de soleil pour te réchauffer le jour,
Ainsi que d'accrocher un sourire à ton cœur
Pour que la nuit tu puisses penser à moi…
Il te dira combien mon amour est grand et limpide,
Comme je suis heureuse de t'avoir rencontré…
La distance ne peut atténuer les sentiments,
Elle ne peut qu'altérer le temps…
Comment ne nous sommes-nous pas rencontrés avant ???
Comment pouvons-nous vivre l'un sans l'autre ???
Bientôt nous nous reverrons
Et ensemble nous reprendrons
Ce merveilleux voyage que nous avons commencé
Dans l'amour et la sérénité …
Il me semble que nous nous connaissons depuis toujours,
Notre vécu et nos déboires ne sont pas des entraves,
Ils sont justes là pour amplifier notre amour
Et nous rappeler que la vie est belle malgré l'âge !!!

***

Sais-tu mon cœur combien tu as été blessé ???

Depuis que tu bats dans mon corps
Rien ne t'a été épargné…
Tes premières années ont été comblées
Par un doux bonheur enfantin…
On t'appelait « lulu » et tu étais joyeux…
L'amour paternel était le plus fort.

Il t'aimait tendrement et même loin,
Il n'oubliait pas ces grands yeux,
Ce petit visage auréolé de boucles blondes.
Puis le temps a trop vite passé,
Un jeune homme, beau comme un dieu
T'a aimé et vous étiez heureux…
Tu n'étais pas assez bien pour lui,
Ses parents le lui ont dit,
Et exigé de ne plus continuer…
Vous vous étiez fiancés !!!
Petit cœur douloureux,
Tu as voulu t'arrêter…
L'amour paternel est venu te réconforter
Et tu as repris ta vie.
Puis, un autre homme, une vie sans éclat,
De magnifiques enfants, tes amours, ta vie…
Petit cœur asséché par la tristesse et les soucis,
Tu as continué ta route sans être toi !!!
L'autre cœur s'est arrêté et tu as ressuscité,
L'amour est enfin arrivé
Et malgré l'âge et la douleur
Tu connais enfin le bonheur…
Ce bonheur t'appelle « lulu » !!!

***

Quatre petites têtes blondes,

Quatre petites têtes blondes et frisées,
Aux yeux bleus verts ou gris,

Sont sorties de mon corps
Et font partie de ma vie…
Quatre grands sourires,
Quatre bonheurs,
Quatre soupirs,
Quatre chagrins aussi.
Puis, elles ont grandi,
Fait leur chemin,
Pris leur envol
Et fait leur vie…
Les trois premières
Ont créé leurs familles,
M'ont donné cinq petits
Qui partiront aussi…
La quatrième tête blonde
Est devenue un homme,
A quitté son pays natal
Pour bâtir son nid au Canada…
Il n'a pas encore de petit,
Mais qu'il soit blond
Ou roux comme sa maman,
Il sera aussi mon petit…
Mes petites têtes blondes me manquent,
Je ne peux compenser leur absence,
Mais ainsi va la vie…

***

Au jour le jour,

Un ami m'a dit un jour,
« Il faut vivre au jour le jour »…
Oui… chaque matin, je me le dis…
« Vis ta vie au jour le jour »…
Mais un jour, peut-être aujourd'hui,
Ce jour ne se lèvera pas !!!
J'aime au jour le jour,
Mon amour ne peut-être vécu
Qu'au jour le jour…
Les lendemains ne sont pas de mise…
Mais les sentiments sont plus forts
Au jour le jour…
Qui sait combien de jours
Ou combien d'années,
À notre âge, l'amour va durer,
Alors je veux aimer au jour le jour…
Les sentiments d'amour
Ne durent pas toute une vie…
L'amour est un trésor
Qu'on doit chérir au jour le jour…
L'envie et le désir charnel
Sont aussi des trésors
Qu'il faut entretenir
Au jour le jour…
Je te désire au jour le jour…
Je t'aime au jour le jour…
Je t'appartiens au jour le jour…

Je vis mon amour au jour le jour…

***

Doux messages du matin

Tes messages du petit matin me réveillent
Doucement, tout doucement…
Ton amour me transporte et m'élève
Lentement, très lentement…
Tes mots, ta voix si musicale
M'emmènent vers l'amour infini…
Ton sourire, tes yeux hypnotiques
Me rendent légère, très légère…
Tu es mon étoile dans le ciel,
Mon soleil dans la grisaille,
Ma lumière dans le brouillard,
Le bonheur dans ma vie…
Tu es la main qui me caresse,
La bouche qui m'embrasse,
Les lèvres qui m'effleurent,
Le corps qui me frôle…
Tu es la vie, l'amour, le bonheur,
Mais aussi mes pleurs, mon chagrin, mon espoir…
Tu es tout cela à la fois…
Tu es la source de mon bonheur !!!

***

Un peu de nous…

Un peu de toi…
Un peu de moi…
Un mélange merveilleux…
C'est le bonheur à deux !!!
Beaucoup de nous…
Beaucoup de vous…
L'envie de partager,
C'est le désir assuré !!!
Un peu de mensonges,
Ce qui parfois nous ronge,
Un peu de vérité,
C'est notre amour caché…
Le désir de toi,
L'envie d'aimer,
L'amour partagé,
C'est le bonheur en soi !!!
L'amour au jour le jour,
Le bonheur pour toujours,
Nos cœurs à l'unisson,
Nous sommes en totale union !!!
Qu'y a-t-il de plus beau
Que l'amour de l'autre ?
Qu'y a-t-il de plus merveilleux,
Que le bonheur à deux…

***

La vie à égrener…

Une jolie poupée blonde,
Aux yeux bleus en amande,
Aux cheveux frisés et blonds
Est arrivée en février…
Un petit chat écorché,
Aux grands yeux verts,
Au petit visage émacié,
A pointé son nez à la fin de l'hiver…
Un gracieux bébé tout rond,
Avec de jolis petits petons,
A décidé de descendre
Un sept décembre…
Le dernier de la promotion,
Un tout petit garçon,
Aux cheveux très blonds,
Est arrivé en conclusion !!!
Des petits cœurs à aimer,
Des enfants à élever,
Des familles à partager,
C'est une vie à égrener…

***

Photo volée

Je t'ai volé une photo,
Pour me souvenir de toi…
Je t'ai écrit un poème,
Pour te dire que je pense à toi…
Je t'ai demandé un rendez-vous,

Pour te rencontrer,
Tu as très vite accepté
Et tu m'as donné ton amour…
Tendresse, Ô tendresse,
Mon cœur est au bord des larmes,
Tu es toute ma faiblesse,
Mon très grand drame…
Doux baisers,
Caresses sensuelles,
Désirs sexuels,
Amour partagé…
Tendresse, Ô tendresse…
Câlinoux, mon câlinoux…
Ma tendre tristesse…
Mon bel amour…

***

La mer en folie

La mer en folie,
Qui se confond avec le ciel gris,
Dans un fracas assourdissant,
Les vagues roulent en s'écrasant…
Mes pas m'emmènent,
Là où le soleil se lève,
Vers des rochers en granite rose
Où je fais une petite pause…
Un rayon de soleil ouvre une brèche
Dans l'épaisseur des nuages

Et vient réchauffer avec respect
Tous les grains de sable !!!
Je regarde cette campagne,
Avec des yeux d'enfant,
J'ai vécu près d'ici si longtemps
Sans jamais voir ces paysages…
Le vent qui souffle dans mes cheveux,
L'odeur de la mer,
Je marche le nez en l'air,
Avec des étoiles plein les yeux…
Je ne suis pas de cette Bretagne,
Pourtant je l'aime comme mon pays natal,
C'est un pays miraculeux
Avec des légendes merveilleuses !!!

***

Grand-mère Marie-Josèphe

Ma grand-mère d'adoption
Venait du pays breton,
C'était une bigoudène
D'une blondeur extrême…
Ses cheveux étaient nattés,
Tirés en chignon sur la nuque,
Ses yeux étaient délavés
Par la mer et l'usure…
Toujours habillée de noir,
Avec sur la brouette, sa lessiveuse,
Elle lavait le linge au lavoir,

En ne nous quittant pas des yeux…
Nous étions quatre gamins d'après-guerre,
Qui fatiguaient notre mère,
Nous voulions simplement vivre
Comme tous les gosses de la ville…
Le dimanche matin, c'était la messe,
Les briques dans le four, l'hiver,
Pour nous réchauffer,
Et les repas du dimanche avec les grands-mères…
Petite bonne-femme en noir,
Tu as quitté ton territoire,
Pour venir sur le continent,
Nous élever, nous tes enfants…

***

La dame blanche…

Une dame blanche dans une allée …
Je l'ai vu la traverser…
D'où vient-elle ?
Où va-t-elle ?
Elle est vue en Bretagne,
On la voit en montagne…
Je l'ai aperçue dans la Drôme…
Toujours accompagnée de gnomes…
J'ai raconté à mes petits-enfants
L'histoire de cette dame blanche
Puisée dans mon imagination
Mais racontée dans toutes les régions !

Cette belle dame a-t-elle un nom ?
Il diffère à chaque narration…
Elle peut s'appeler Marianne,
Marie ou Madeleine…
Cette belle dame blanche,
Vêtue de sa longue robe blanche,
À la chevelure blonde et bouclée,
Survole le temps et les années…
Mais un jour, peut-être, un chevalier noir
Viendra sur son cheval noir
Et entrera dans la légende
En enlevant la belle dame dans les landes…

***

L'oiseau en cage

Un petit oiseau en cage,
Bien caché dans son logis,
Le bec enfoncé dans son plumage,
Se morfond seul dans son paradis…
Il est triste et malheureux,
Car il n'a plus de petits œufs,
Bien au chaud dans le petit nid,
Ils sont tombés dans l'oubli…
Sur son perchoir, son chevalier,
Les plumes lissées et chamarrées,
Fait ses vocalises,
Pour montrer qu'il existe…
Un matin de printemps,

On retrouve le bel oiseau
Couché sur le dos,
Le bec pantelant…
À force de s'époumoner,
Il s'est épuisé,
Le bonheur est passé…
Et l'a oublié…
La belle femelle s'est alors réveillée,
A repris goût à la vie,
S'est envolée de son nid
Et s'est mise à chanter !!!

***

Sous le soleil de Provence…

Une petite église au sommet d'une colline,
Un clocher aux tuiles humides,
Un cimetière aux tombes défraichies,
Le vieux curé se fait du souci…
Ses ouailles ne viennent plus prier chez lui,
Ils préfèrent passer leur temps
Sur la place de la mairie,
Au bistro du père Gontran…
Au douzième coup de midi,
Les glaçons sur le pastis,
Avec très peu d'eau,
L'apéro coule à flot…
L'après-midi pétanque,
Et le soir Fanny…

Et de temps en temps
La sieste avec une amie…
L'après-midi est bien rempli,
Les enfants, fatigués par leurs jeux,
Rentrent vite chez eux
Et leurs pères retournent à leurs manies !!!
Voilà, en quelques sortes,
Les journées d'été, dans le midi,
Qui se déroulent depuis des décennies
Et que tous les Provençaux exhortent !!!

***

Mon retour

J'ai souvent rêvé de mon retour à la maison,
Mais où est vraiment ma maison ?
Il y a si longtemps que je suis partie
Pour vivre ma vie.
J'ai trop longtemps attendu
Et quand je suis revenue,
Très tard, j'ai tout revu,
Pourtant je n'ai rien reconnu…
Ma ville avait changé et s'était agrandie,
Mes amies étaient parties
Ou avaient disparu
Dans le méandre des rues…
Michèle, mon amie d'enfance,
À qui je confiais mes douleurs,
Partie trop tôt dans un accident

Me laissant seule avec mes peurs.
Liliane, amie de collège,
Avec qui j'ai défié l'autorité,
Mes parents en colère,
M'ont privée de liberté !!!
Dominique, fan de Johnny,
Nous avons passé tous nos jeudis après-midi
À écouter ses quarante-cinq tours
Avant de nous quitter pour toujours…
Je suis partie à vingt ans,
Je reviens à soixante ans,
Mais tout a changé,
Tout est effacé…

***

Sous le soleil brûlant…

Un soleil haut et chaud
Me brûle la peau…
Je déambule dans les rues désertes
Espérant trouver l'ombre ou l'air…
Un chat noir traverse la place,
Se faufile dans le dédale des ruelles
Embaumant les mimosas
Et disparait derrière une tonnelle…
Un chien aboie au loin
Brisant le silence,
Un autre le rejoint
Mais c'est sans importance…

C'est l'heure de la sieste du dimanche
Avant la pétanque,
La baignade dans l'Estanche,
Et les plongeons dans les calanques…
J'aperçois une terrasse ombragée,
J'ai envie de m'y installer…
Le bar n'est pas ouvert
Et je repars sans boire un verre !!!
La soif me tenaille,
La chaleur m'envahie,
Je n'ai plus la force d'avancer
Et m'écroule sur un pallier…
Une ombre s'avance avec ardeur,
Me tend un verre d'eau fraiche,
Je le bois d'un seul trait
En remerciant mon sauveur…

***

L'âme perdue

Une âme perdue continue à errer
Dans le village abandonné…
D'où vient-elle ?
Qui est-elle ?
Elle visite les maisons délabrées…
Mais qui ou que cherche-t-elle ?
Le flou de sa silhouette auréolée
Laisse entrevoir une femme très belle !

Le bruissement des feuilles et des branches
Résonnent comme le gémissement
De la belle qui pleure un amant
Ou le berceau d'un enfant !!!
Un enfant blond la suit,
En se cachant derrière les buissons,
Ne faisant pas de bruits,
Pour éviter qu'elle entende les sons !!!
Un homme dans son carrosse,
La toise d'un air féroce,
La peur la fait s'enfuir et soudain
Disparaitre dans le lointain…
Ce village abandonné,
Né de l'imagination,
Ne peut vraiment exister
Que dans le cœur et la passion !!!

***

La vieille derrière la fenêtre…

Qu'y a-t-il derrière cette fenêtre,
Aux vitres crasseuses
Et aux rideaux déchirés
Où aucune lumière ne brille…
Pourtant, une vieille femme
Est assise sur une chaise en paille,
Tricotant sans cesse,
Les lunettes sur le bout du nez…
Sur ses genoux,

Cachés sous sa longue robe noire,
Un chat, roulé en boule,
Ronronne doucement.
Une aiguille dans son chignon,
Elle tricote des chaussettes,
Qu'elle rangera dans un tiroir
Quand la paire sera terminée !!!
La pelote de laine,
Tombée sur le sol poussiéreux,
Se déroule lentement
Au fil des tours d'aiguilles…
Pour qui tricote-t-elle autant ?
Il n'y a personne auprès d'elle ?
Mais au fait, existe-t-elle
Derrière cette fenêtre ?
Est-ce vraiment réel,
Ou une histoire que l'on raconte
Au coin du feu les soirs d'hiver,
Dans les sombres chaumières ?
Il n'y a pas de réponse,
Ça vient du fond du monde…

***

La Saint Valentin.

Pour la Saint Valentin,
J'ai reçu un bouquet de roses rouges
Entouré d'un ruban de satin
Avec un petit nœud rouge.

Ce joli bouquet virtuel,
Déposé, le matin, sur ma couette,
Aux couleurs rouges velours,
Il a les senteurs de l'amour…
J'ai mis ce beau bouquet de roses,
Sur une table, dans un joli vase rose,
Son parfum délicat et doux
Embaume ma bulle d'amour…
Celui qui m'a offert ce présent
Est un homme généreux,
Tendre et merveilleux,
Et un magnifique amant.
Ses beaux yeux verts,
Souriants et lumineux,
Me disent qu'il est heureux
Et son amour est réel…
Je le vois très souvent,
Mais pas assez pourtant,
Il m'inonde de caresses,
De mots d'amour et de tendresse…
Nous sommes sous le charme,
Je fonds dès que je l'aperçois,
Il chavire quand il me voit,
Mais pour nous, ce n'est pas un drame !!!
C'est le bonheur le plus merveilleux
Même si l'amour est malicieux…

***

La tour d'ivoire

Je me suis retirée
Dans ma tour d'ivoire
Et ce château fortifié
Est entouré d'épais remparts…
Je n'avais pas envie de vivre,
Et ces murailles me protégeaient,
La vie me semblait si triste,
La solitude m'envahissait…
Puis un jour, tu es arrivé,
Comme un beau chevalier,
Prêt à me sauver
De ce château hanté…
Tu m'as donné ton amour,
Et comme au premier jour,
Tu es le plus beau sourire
Que la vie puisse m'offrir…
Mon cœur bat comme un fou,
Ma tête a les idées floues,
Mes mains tremblent de bonheur,
Et mes yeux te parlent de mon cœur !!!

***

La poule rousse

Une grosse poule rousse
Avance en picorant,
Une ribambelle de poussins roux
La suivent en piaillant…

Un petit poussin noir,
Le bec au vent,
Essaie de la rattraper en courant,
Sans jamais le pouvoir…
Il pleure sur son destin,
Même s'il a la vie devant lui,
Se demandant, avec dessin,
Ce que va donner sa vie !!!
Un gros coq noir,
Chef de la basse-cour,
Arrive à sa rescousse,
Fustigeant la grosse poule avec un regard noir !
La poule très bête,
Replace sa couvée sous ses ailes déployées,
Ramenant le poussin égaré,
Grommelant dans son bec…
Le beau coq noir orgueilleux,
La crête relevée,
Les ergots acérés,
S'éloigne d'un air prétentieux.
La grosse poule rousse,
Pour protéger ses petits,
Les rassemble sous sa croupe
Et les écrase d'un seul coup vif…
Le paysan voyant ça, la tue d'un coup rapide,
Elle finit comme « poule au pot » dans la marmite…

***

Trésor retrouvé

J'ai retrouvé dans un grenier,
Une boite en bois ciselé,
Fermé par une serrure
À la jolie ferrure…
J'ai cherché dans un tiroir,
La clé de ce petit coffret,
Je l'ai trouvé près d'un miroir
Accrochée à un porte-clés…
J'ai ouvert avec avidité
Ce magnifique écrin boisé
Avec l'espoir d'y retrouver
Le trésor d'un temps oublié…
En ouvrant cette boite couleur acajou,
J'ai vu un magnifique bijou
Enveloppé d'un papier de soie
Dans une mousseline de choix…
J'ai déplié méticuleusement
La feuille enveloppant ce trésor,
J'ai vu une merveilleuse bague en or
Surmontée d'un petit diamant !!!
Mais à qui appartient donc ce bijou ???
J'aimerais connaitre la propriétaire,
Je crois que je ne le saurai jamais,
Elle est perdue pour toujours !!!

***

Le corps à corps

Le chanteur entame la mélodie,
Elle, derrière son écran de télévision,
Est envahie par l'émotion
En entendant le fil de sa vie…
Elle l'écoute égrener les accords,
Sur les notes de cette douce musique,
Et se faufile entre les artistes
Pour un délicieux corps à corps…
Ils s'enlacent au rythme du tempo,
Se frôlant dans une danse sensuelle,
Leurs mains doucement posées sur le dos
Dans une caresse charnelle…
Elle sent son souffle dans le cou
Puis remontant au creux de l'oreille,
Il murmure des mots doux
D'une voix d'amour éternel…
Les mouvements fluides des danseurs,
Lui donnent l'envie de son amant,
Et tous les mots qu'elle entend
Lui font chavirer le cœur…
La chanson d'amour est finie,
Le chanteur, au visage charmeur,
Quitte la scène et sourit
La laissant en pleurs…

***

Les grands-parents

Dans une grande maison au bord de la mer,
Un homme jouait au grand-père.
Il occupait ses petits-enfants
Pour soulager leur grand-maman…
Il jouait au mikado,
Prenant soin de ne pas bouger
Les baguettes enchevêtrées,
Il riait de les voir faire les sots…
À ce jeu d'adresse,
Grand-père joue tout en finesse,
Les petits très empressés
Essayaient de tricher…
Les rires fusaient de tous les côtés
Et grand-maman est arrivée
En riant aussi de bon cœur
De voir les petits tricheurs…
Par un après-midi de grande eau,
Pour laisser grand-papa travailler,
Grand-maman a donné des pinceaux
Et des masques à décorer…
Le soleil est revenu sur la plage,
Ils sont allés faire du cheval,
Du karting et des grandes balades
Sur les promenades…

***

Tes mots

Tes mots sont comme des cerises bien charnues
Que je croque pour savourer le jus
Avec ardeur, c'est délicieux,
C'est un bonheur merveilleux…
Tes yeux verts et pétillants
Sont des miroirs grossissants
Où je peux, sans aucun détour,
Voir dans ton cœur et lire ton amour…
Tes mains, aux doigts longs et fins,
Effleurent avec délicatesse
Mon visage et mon corps, sans dédain,
Dans de magnifiques caresses…
Tes lèvres, cachées dans ta barbe duveteuse,
M'offrent des baisers sirupeux
Au parfum d'amour silencieux
Et de tendresse délicieuse…
Tu es la tendresse, la vie,
Le bonheur, l'amour…
Je suis ta gourmandise,
Ton bonbon d'amour…

***

Message caché…

Un petit nuage blanc et moutonneux,
Dans le ciel tout bleu,
S'est arrêté au-dessus de ma maison,

Espérant trouver une solution…
Je l'ai vu par ma fenêtre,
Suis sortie pour le reconnaitre,
Il me donnait le présage
De la venue d'un doux message…
J'ai accroché à ce petit nuage,
Un joli ruban de satin rouge,
Lui ai dit que j'étais sage
Et de le dire à mon amour…
Mon petit nuage blanc
Est reparti avec mon message,
À l'autre bout de la France
Débordant de pluie sur son passage…
Au-dessus de ta maison,
Mon nuage t'a appelé
Pour te dire la vérité,
Et terminer sa mission…
Tu as décroché le ruban rouge,
Symbole de mon amour,
Déposé dans un coffret acajou
Pour y cacher notre bel amour…

***

Notre folie

Je vais faire un long chemin
Pour te retrouver…
Tu vas te cacher
Pour venir me rejoindre…

Nous cachons notre amour,
Comme des enfants pris en défaut,
Nous ne voulons rien d'autre,
Que de vivre nos amours…
Nos messages cachés,
Nos visites inopinées,
Nous donnent le désir très fort
D'un peu de réconfort !
Nous cachons nos ébats,
Comme des enfants malicieux
Dans un endroit précieux
Pour éviter les regards…
Le désir est le plus fort,
L'envie torture nos corps,
Notre âge n'a plus d'importance
Tant l'amour est immense !!!
Sommes-nous fous
De vivre cet amour ?
Nous sommes heureux
Quand nous sommes tous les deux !!!

***

Nos chemins…

Nous avons eu des chemins différents.
À vingt ans, je me suis lancé à corps perdu,
Loin de mon ouest natal
Avec un bébé sur les bras
Dans une région qui m'était inconnue…

Après quelques années,
Trois petites filles à mes côtés,
Je suis descendue dans le midi
Pensant y terminer ma vie…
J'y ai vécu tant bien que mal
Pendant des années,
Aujourd'hui, je sais que mon amour
Était en sommeil.
Je sais que tu m'attendais,
Je suis à toi pour toujours.
Et toi que faisais-tu pendant tout ce temps ?
Tu as mené ta vie à ta guise pendant longtemps,
Tu naviguais avec passion
Dans ton monde de création…
M'attendais-tu vraiment ?
Je veux y croire totalement,
Car l'amour que tu me donnes
En est le symbole…
Tes yeux, ta voix et ton sourire
Ne sont que désirs…
Ton absence à mes côtés,
Que je ne peux qu'accepter,
Ne fais que renforcer
L'amour que je découvre
Comme un cadeau d'amour !!!

***

Retour à Saint Malo…

Mon enfance m'est revenue en mémoire,
Ce matin, en revenant à Saint-Malo.
Les remparts, la vieille ville,
Tout y était, même le port !!!
Les bateaux amarrés aux quais,
Les promenades sur le parapet,
La plage avec ses protections
Contre les marées…
J'ai tout retrouvé,
Complètement inchangé…
Sauf toutes ces années
Qui se sont accumulées !!!
Ma nostalgie n'a fait que se raviver
Et mon désir de m'y retrouver
S'est amplifié malgré les années,
Je ne pourrai y résister !!!
Je suis émerveillée…
Mon amour pour ce paysage
N'a vraiment pas changé
Et mon retour semble envisageable !!!
Bien sûr, je n'ai pas le regard d'une enfant,
Bien sûr, les années ont passé,
Mais rien n'arrête le présent,
Et plus rien n'arrête le temps !!!
Ma vie va peut-être changer,
Qui sait ce qui m'attend,
Demain sera peut-être le moment

D'enfin me retrouver…

***

Fin de l'espoir…

Oh, maman quand je t'ai revue,
Ce lundi soir de février,
Parmi tous ces gens malfamés,
Tu semblais tellement perdue…
Cette maison que tu avais choisie
Avec l'envie de bien finir ta vie,
N'est qu'un mouroir
Où il n'y a plus d'espoir…
Quand nous venons te rendre visite,
Ton regard si bleu, si vide,
Nous scrute sans vraiment nous apercevoir,
Puis tu parais enfin nous voir…
Alors, un sourire apparait sur ton visage
Et tes yeux s'animent enfin,
Très vite, ils s'embrument et c'est la fin…
Mais est-ce un mauvais présage ???
Ton regard, de nouveau se voile, sans vie…
Ton visage, sans expression, se fige,
Tu te renfermes, ta mémoire se replie
Et bientôt, tu nous oublies…
Tu nous laisses dans notre désespoir,
Mais pouvons-nous encore tout prévoir ???
Ta vie ne tient qu'à un fil,

Pourtant ce fil est solide !!!
Tu n'as pas décidé de partir,
Pourquoi veux-tu rester encore ?
N'en n'as-tu pas assez de souffrir ?
Ou cela te demande-t-il trop d'efforts ?
Maman, si tu veux partir…
Laisse-toi aller… tu as notre accord…

***

Amour, mon amour

Amour, mon amour,
J'ai tant de choses à te dire,
Amour, mon amour,
Que ce soir je veux les écrire…
Amour, mon amour,
Je veux me noyer dans tes yeux,
Amour, mon amour,
Comme on se mire dans les cieux…
Amour, mon amour,
J'ai envie d'entendre ta voix,
Amour, mon amour,
Pour fondre en émoi…
Amour, mon amour,
Je veux me blottir dans tes bras,
Amour, mon amour,
Et te sentir encore en moi…
Amour, mon amour,
Je n'attendais que toi,

Amour, mon amour,
Pour ne plus avoir froid…
Amour, mon amour,
Garde-moi près de toi,
Amour, mon amour,
Pour être femme une dernière fois…
Amour, mon amour,
Le désir est une force qui nous étreint,
Amour, mon amour,
L'amour nous a unis dans son sein…
J'avais les yeux bandés,
Tu me les as découverts…
J'avais l'esprit vide et fermé,
Tu me l'as rempli et ouvert…
J'étais une femme effacée,
Tu m'as redonné le sourire…
J'avais le cœur sec et brisé,
Tu m'as donné l'envie de vivre…
J'étais une épouse brimée,
Tu m'as dit de me battre…
J'étais une maman triste et usée,
Tu m'as donné l'envie de rire…
J'étais une maitresse bafouée,
Tu m'as redonné le goût de l'amour…
Je n'avais plus envie d'écrire,
Tu m'as demandé de recommencer…
Pour le bonheur que tu me donnes,
Pour l'air que je respire,
Pour tes yeux et ton sourire,

Pour tout cela, je t'aime…

***

Nos petits bonheurs

Notre nuit d'amour,
Dans tes bras mon amour,
M'a transportée
Dans les cieux étoilés…
Nos heures d'amour,
Avec toi mon amour,
À n'importe quelle heure
M'ont laissé un goût de bonheur…
Nos messages d'amour,
À chaque heure du jour,
Sont des petits bonheurs
Que nous partageons avec nos cœurs…
Nos vies éloignées,
Ne font qu'amplifier
Le désir partagé
De l'amour et l'amitié…
Nos envies d'amour,
Tous les deux mon amour,
Sont justifiées
Par notre désir d'aimer…

***

Amour-amant…

Je voudrais me plonger dans tes yeux
Pour mieux te retrouver,
J'aimerais me blottir dans tes bras
Et ne plus jamais les quitter.
Je voudrais entendre ta voix chantante,
Aux accents si attachants
T'écouter parler longtemps,
Et te regarder tendrement.
J'aimerais te voir sourire
Et surtout t'entendre me dire
Les mots que tu sais si bien choisir
Et qui me font fondre de désir…
Je voudrais pouvoir rester
Toujours près de toi
Pour pouvoir te caresser
Et que tu te fondes en moi…
Je voudrais encore te voir jouir
Quand nos deux corps enlacés par le désir
Se confondent l'un dans l'autre
Et fougueusement se multiplient…
J'aimerais encore sentir intensément
Ton corps sur le mien alourdi
Et tes mains me parcourir
Tendrement, doucement, tout doucement…
Et ce soir, puis-je te dire simplement
Que je te désire tendrement
Que mon cœur souffre tellement

De ton absence, mon amour–amant…

***

Et si…

Si tu me demandais de tout quitter,
Je le ferais pour toi.
Si tu me demandais de me voiler,
Je le ferais pour toi.
Si tu me demandais de me prostituer,
Je le ferais pour toi.
Si tu me demandais de tout donner,
Je le ferais pour toi.
Si tu me demandais de tout brûler,
Je le ferais pour toi.
Si tu me demandais d'assassiner,
Je le ferais pour toi.
Mais ne me demande pas de te quitter,
Je ne le ferais pas.
Ne me demande pas de te tuer,
Je t'aime trop pour cela.
Je sais que tu ne me le demanderas pas,
Tu as trop de respect pour cela.
Si je te demandais de vivre assez près de toi,
Mais non pas avec toi,
Le ferais-tu pour moi ?
Oui, tu le ferais, je crois très fort en toi…

***

Dans le port de Saint Malo…

Un bateau, dans le port de Saint Malo,
Un vieux trois mâts, amarré au quai,
Sous les yeux curieux des badauds,
Somnolait dans le vent frais.
Un marin, se dodelinant,
Avançait sur le quai, lentement,
En marmonnant gentiment,
Les yeux rivés sur le gréement…
Un enfant de cinq ans à peine,
Regardait béatement la scène,
Ne sachant s'il devait pleurer
Ou s'enfuir pour se cacher…
Il se retourne brusquement,
Rappelé par ses parents inquiets,
Qui le cherchent depuis un moment
Sur la promenade et le quai…
Un petit bateau à moteur,
Sort du port avec son matelot,
Pour naviguer dans la fraicheur
Et rejoindre la baie de Saint-Malo…
La ville majestueuse se dessine dans la pénombre,
Entourée de ses remparts,
Qui la défendent de ses ombres,
Des vagues et de leurs fracas…

***

Ce brin de muguet…

Aujourd'hui, jour de printemps,
Je t'offre ce brin de muguet,
Afin qu'il te donne son doux parfum
Et la douceur de ses clochettes.
Ce petit brin de bonheur
Te rappellera qu'il est doux d'aimer,
De recevoir et de donner,
De dire un mot, un seul…
Aimer, c'est le mot le plus dur,
Mais le plus merveilleux,
Le plus fou quand on est deux,
Le plus simple et le plus pur…
L'Amour, est laborieux à trouver
Mais quand il est près de vous,
C'est le moment le plus doux
Et le plus difficile à garder…
Ce petit brin de muguet,
Je l'ai volé pour toi,
Je te l'offre comme gage
Pour te dire que je tiens à toi…

***

Mes peurs

Mes peurs sont destructrices,
Elles sont aussi instructives.
Mes peurs sont hypocrites,

Elles sont aussi défensives.
Mes peurs ont détruit ma vie,
Mais elles ont construit mon avenir.
Mes peurs ont ruiné ma candeur
Et elles ont rongé mon cœur.
Mes peurs sont des torrents,
Quand elles touchent mes enfants.
Mes peurs sont des brasiers
Quand elles attaquent l'être aimé.
Mes peurs sont des rayons brûlants
Qui consument mes yeux larmoyants.
Mes peurs sont des vents violents
Qui s'abattent sur mon corps chancelant.
J'ai vécu avec toutes mes peurs
Qui se sont amoncelées sur ma vie.
Je veux balayer toutes mes peurs
Et reprendre le cours de ma vie.
Je suis torturée par la peur
D'être encore abandonnée et trahie.
Je ne suis faite que du désir
De vivre enfin un vrai bonheur…

***

Le puits sans fin…

Il fait nuit, ce soir je suis fatiguée…
Je suis seule dans mon lit…
Je me blottis sous la couette

En attendant le sommeil…
J'écoute les bruits
Qui envahissent le silence…
La lune éclaire ma chambre
Et rayonne dans la nuit.
Le sommeil me gagne doucement,
Je sombre dans une douce torpeur…
Je me sens tomber lentement
Dans un puits de douleur…
La chute est vertigineuse…
Mes mains cherchent à s'accrocher,
Mes doigts ne trouvent que le vide,
Mon cœur cogne et semble s'arrêter…
Un tourbillon s'empare de mon corps,
Je tourne, tourne sans fin…
Je lutte contre ce cercle infini
Mais je suis entrainée dans ce corps à corps…
Je voudrais me retenir
À une chaine imaginaire,
Mais mes mains refusent de s'ouvrir
Et mes bras brassent de l'air !!!
Je tombe, tombe, tombe .
Ma tête est lourde,
Mes jambes sont raides,
Mes paupières sont closes…
Le trou est profond… très profond…
Je sombre, sombre, je suis au fond…

***

Le marcheur solitaire

Il marche le long de la plage,
L'air marin lui fouette le visage,
Ses pas l'emmènent vers la Cité Corsaire,
Il déambule en solitaire.
Son esprit vagabonde…
Il revoit le sourire enchanteur
De celle qui a pris son cœur
Comme une éclaircie dans ce monde.
Son sourire plein de douceur,
Ses fossettes sur son doux visage
Et ses yeux pleins de larmes
L'ont envahi de bonheur…
Elle roule sur cette autoroute
Qui l'emmène loin de lui,
Ses yeux fixent la route
Mais son cœur est avec lui…
Elle pense, plus que tout,
Au jour où elle reviendra
Se blottir dans ses bras
Pour faire un nid d'amour…
Elle revoit ses yeux charmeurs,
Son sourire enjôleur,
Ses lèvres, ses baisers si tendres,
Et ses mains si caressantes…
C'est sûr, elle reviendra
Dans cette Bretagne,
Où elle a trouvé l'amour,

Et s'y installera pour toujours…

***

Un matin gris

Le matin, le réveil est triste et gris,
Derrière ses volets, le ciel est gris,
Les gens qu'elle croise sont gris,
Tout lui semble gris…
Elle ne voit même plus le bleu du ciel,
Elle ne remarque plus les sourires,
Elle n'entend plus les rires,
Elle n'a plus l'envie d'être simplement elle…
Elle a vécu tant de malheurs,
Que ceux des autres ne la touchent plus,
Elle ne veut plus vivre non plus,
Tout ce qu'elle voit lui fait peur !!!
Un matin pourtant, un rayon de soleil
Filtre au travers de ses fenêtres,
Elle apprécie ce doux réveil,
Qui apaise enfin son cœur en berne…
La veille, une merveilleuse rencontre
Lui a redonné le goût de vivre,
La promesse d'une belle histoire
A envahi son cœur de mille envies…
Aujourd'hui, elle sourit à la vie,
Et s'il lui arrive encore de pleurer,
C'est souvent d'ennui

Quand son amour doit la quitter…

***

Supplique d'un alcoolique

Qu'il est bon ce nectar qui coule dans ma gorge,
Accompagnant ces délicats mets,
Sa robe si veloutée, si sage,
Me donne une sensation de bien-être…
Cette bouteille, qui trône sur la table,
M'appelle verre après verre,
Me demandant de verser cette larme
Qui comblera cette envie soudaine…
Pourquoi ce besoin de se cacher,
Pour oublier son chagrin,
Et de boire seul ou accompagné,
Réduisant la vie en peau de chagrin…
Aidez-moi, s'il vous plait, à éliminer
Cette envie si encombrante,
Cette envie malgré tout si enivrante
Qui détruit la vie des excités…
La vie est-elle aussi triste et facile,
Pour être obligé de la pimenter, tout au plus,
Avec ces envies de nectar
Que nous a donné le Dieu Bacchus…

***

Dans le ciel noir…

Une étoile, dans le ciel noir,
M'a dit que tu la regardais,
Et que tu lui confiais
Ton grand désespoir…
Moi, sur mon balcon,
Je fixe le ciel dans la pénombre,
Je susurre doucement ton nom
Et je distingue ton ombre.
Je te vois me sourire,
Et tout simplement me dire
Que tu m'attends toujours
Sur le bord d'un détour…
N'oublie pas qu'un jour,
Je t'ai promis mon retour,
Ce jour-là viendra sûrement
Car je le désire ardemment…

***

L'insouciance perdue…

J'étais une petite fille insouciante et heureuse,
J'étais une jeune fille gaie et amoureuse,
À dix-huit ans, j'ai perdu mon amour,
Je suis devenue triste toujours…
À vingt ans, je suis devenue maman,
À trente ans, j'étais Cendrillon,
J'ai cru être sauvée par les médicaments,

J'ai sombré dans un sombre tourbillon…
De cachets en traitement,
J'ai passé quarante ans
À croire que ces médicaments
Me sauveraient du tourment…
Je ne savais plus ce qu'était le jour,
Je ne savais plus ce qu'était l'amour !
J'étais dans le néant,
Je n'étais même plus dans le présent…
Il a fallu un électrochoc instantané
Pour me libérer de ce monde de fous
Et revenir à une vie de tous les jours
Mais avec la peur de retomber…
Puis j'ai trouvé l'amour,
Qui me donne la force de lutter
De faire des projets
Et de vivre toujours…

***

Addiction à la cigarette…

Dès le matin, la tête encore sur l'oreiller,
Je cherche mon paquet de cigarettes…
Les yeux à peine ouverts,
Je ne veux qu'une bouffée…
La première cigarette du matin
Me donne l'impression d'exister…
Je suis sur un nuage de fumée,
Et j'oublie que ce n'est que le matin…

Tout au long de la journée,
Les cigarettes s'enchainent
Sans que je puisse m'arrêter,
C'est sûr que ça me tue, mais j'aime quand même…
Ce matin, mon souffle est court,
Mon cœur se serre, j'étouffe…
Mon bras me fait mal,
Ma mâchoire se crispe,
Que m'arrive-t-il aujourd'hui ?
Cette envie de cigarette me reprend…
Je cherche mon paquet sur la table de nuit,
Mon bras ne veut plus se tendre,
Je suis perdu…
Ma gorge est brûlante,
La fumée me manque,
Le goût n'y est plus !!!
Je sombre dans le néant,
J'entends au loin un murmure
Qui me dit, c'est sûr,
Que mon corps se défend…
Mon cœur est fatigué,
Mon cerveau ne répond plus,
Le fil de ma vie s'est rompu…
Bip bip bip… La vie a cessé…

***

Addiction aux jeux chez les ados

Je m'appelle Flo, j'ai quinze ans…

Dès que je me lève, c'est récurrent,
Mon premier regard
C'est pour mon portable…
J'ai la chance d'avoir tout dans ma chambre,
L'ordinateur et la télévision sont mes compagnons…
Je suis fils unique, mes parents sont souvent absents
En rentrant du lycée, je me détends après les leçons…
Je suis fan de manettes,
Je suis un expert…
Tous les jeux sont passionnants
Surtout quand on se rentre dedans !!!
Mes parents m'appellent,
Je les entends d'une oreille…
Mon cerveau est obnubilé
Et je n'ai plus d'identité…
Quand j'ai passé un palier,
Je continue pour progresser,
Mon personnage est souvent violent
Mais pas moi à cet instant…
Quand je vais chez mon père,
Nous partageons la même envie,
Il échange souvent les parties finies
Mais je ne le dis pas à ma mère !!!

***

Je suis Clem et j'ai un jumeau,
Il a trouvé sa voie, mon frère Jo,
Moi pas… Je suis un passionné,

Mes doigts s'excitent sur le clavier !!!
Les écouteurs sur les oreilles,
J'entends au loin ma mère qui m'appelle…
Mes neurones s'entrechoquent
Et je pers la partie, quel choc !!!
Ma voiture a quitté la piste brusquement,
Le jeu est à refaire maintenant !!!
Elle pourrait attendre que la partie soit terminée
Et surtout que j'ai gagné pour m'appeler…
C'est sûr, mon père va m'engueuler
Si je ne réponds pas de suite…
Mais vite encore une petite tournée
Pour me remettre en piste…
Quand je suis sur mon clavier,
Il ne faut pas m'énerver,
Je suis capable de tout péter
Et de les envoyer bouler…
Je jette un coup d'œil par-dessus mon épaule,
Pour regarder mon jumeau
Se torcher tout le boulot,
Surtout râler et c'est très drôle !!!

***

Addiction à la drogue

Je suis le dernier d'un clan,
Je viens d'entrer au collège, j'ai douze ans.
J'ai trois sœurs plus âgées
Qui sont au lycée…

J'ai été choyé,
Vraiment dorloté…
Mais je veux faire comme les copains
Alors je tente un petit joint…
À la sortie du collège, souvent le soir,
Il y a parfois des revendeurs,
Pour notre grand malheur,
Car quand on commence, c'est trop tard !!!
Je me suis laissé piéger
Et j'y ai gouté…
Mes parents n'ont rien vu
Et mon père n'a rien su !!!
Ma mère m'a regardé d'un air méfiant
Et j'ai su qu'elle savait après un certain temps !!!
Elle a vu à mes pupilles dilatées
Que j'avais consommé…
Quand mes copains sont venus me voir,
Et qu'on a fait la fête,
Dans mon petit appartement un soir,
Il y a eu l'odeur de la « cigarette » !!!
Elle a eu peur de lutter,
Contre cette adversité.
Aujourd'hui, je suis adulte et libre,
Puis-je un jour me sentir utile ???
Ai-je beaucoup consommé ?
Je n'en sais vraiment rien !
Ai-je beaucoup dépensé ?
Oui, mais cela n'est rien…
Ma santé a des secousses…

Ma vie n'est pas un long fleuve tranquille,
Je me suis expatrié, ce n'est pas facile,
J'ai souvent la frousse…
Ce petit bout de chichon,
Que j'ai goûté, il y a longtemps,
Et que je prends encore de temps en temps,
N'est que du poison…
Que puis-je faire pour m'arrêter ?
Comment puis-je me sevrer ?
À qui demander du secours ?
À qui si ce n'est à l'amour !!!!

***

Arrêt cardiaque

Je suis un cœur d'un homme jeune et fringant
Qui subit et fatigue souvent
À cause du stress
Et des cigarettes sur cigarettes…
Je suis un cœur qui un jour lâche
Car celui qui me porte
Va se tuer à la tâche
Parce que la vie l'insupporte !
Je suis un cœur qui remonte lentement
Après deux pontages urgents…
La vie reprend son cours
Même si ce n'est pas pour toujours.
Je suis un cœur d'un homme mûr
Qui n'a plus rien à faire,

Qui vit comme il préfère
À cent à l'heure et va droit dans le mur !!!
Je suis un cœur, qui un jour trop fatigué
Par la bonne chair et l'alcool
A senti que c'était la fin, s'est brisé
Et très vite pris son envol !!!
J'étais un cœur,
Que l'on n'a pas écouté…
J'étais un cœur
Qu'un homme a saccagé…

***

Une enfant de vingt ans…

Une enfant de vingt ans,
S'en est allée précipitamment
Brisant le cœur de sa mère
Et terrassant celui de son père…
Une enfant de vingt ans,
Pleine de vie et de bonheur,
A quitté la vie prestement,
En laissant autour d'elle le malheur…
Une enfant de vingt ans,
Les projets plein la tête et le cœur
A laissé sa grande sœur
Dans une tristesse intense…
Une enfant de vingt ans
Qui ne demandait qu'à aimer
A laissé un trou béant,

Dans une famille déjà brisée…
Une enfant de vingt
A suivi le chemin
Que lui a tracé son destin
Rejoignant ainsi beaucoup de ses parents…
Accueillez cette enfant,
Vous qui êtes déjà partis,
Elle n'avait que vingt ans
Et ne pensait qu'à vivre !!!

***

Après midi de printemps

Un après-midi de printemps,
Dans le nord de la Provence,
Une chaleur insupportable et intense
Me bloque dans mon appartement.
Je rêve d'un peu de fraicheur,
Sur une plage des Côtes d'Armor,
De marcher sur le port
Et d'admirer les arbres en fleurs…
Je me vois marcher sur la plage,
Les pieds s'enfonçant dans le sable,
Humant l'air des embruns,
Regardant les vagues dans le lointain…
Je suis en état de transe
Quand parfois j'y pense
Et j'attends avec impatience
Le jour de mon déménagement…

Cette belle Bretagne
A conquis mon cerveau et mon cœur
Et se sera un grand bonheur
De vivre dans ce pays de cocagne…

***

Les cinquantenaires

Les cinquantenaires aiment faire la fête,
Le vendredi après le travail.
Ils oublient les soucis qu'ils ont en tête,
Buvant, mangeant et dansant en pagaille.
Ils arrivent dans leurs belles voitures,
Font attention à leurs apparences,
Choisissant des relations très sûres,
Car tout a une grande importance.
Certains sont décontractés,
D'autres sont très apprêtés,
Mais ils viennent tous pour s'amuser,
Rire, danser, manger, chanter…
Il y a ceux qui se regardent danser,
Ceux qui regardent le bout de leurs pieds,
Ceux qui gesticulent pour se montrer,
Ceux qui rient fort pour se défouler…
Et puis, il y a ceux qui préfèrent regarder.
Ils restent assis pour discuter,
N'en perdant pas une miette pourtant,
Ils sont timides très souvent…
J'ai vu ces cinquantenaires aisés,

À l'aise dans leurs vies professionnelles,
Changer leurs règles personnelles
Pour vivre ces magnifiques soirées !!!

***

Dora

Je m'appelais Dora,
J'étais un petit animal
À la robe beige,
J'étais une Golden…
J'étais arrivée chez ma maitresse,
À quelques semaines seulement,
Avec l'espoir d'une vie passionnante,
L'amour et surtout son ivresse…
Un jour, j'ai vu ma maitresse avec son tablier,
Travailler dans son jardin…
Je l'ai regardé tout le matin,
Puis méthodiquement je l'ai imité…
Avec mes petites pattes, je creusais des trous,
Avec mon museau, je sortais les cailloux.
Je faisais des petits tas
Sur les bords bien plats…
Ma maitresse m'a grondé,
Puis elle a vraiment rigolé
Car elle m'avait remarqué
Et m'a demandé de ne pas recommencer !!!
Quand ma maitresse était triste,
Je posais ma tête sur ses genoux,

Ses caresses étaient si douces,
C'était mon bonheur et son plaisir…
Un soir, une petite boule est arrivée,
Ma maitresse a dû la rassurer,
Il fallait l'instruire et l'éduquer,
Je m'en suis un peu chargé…
Elle devait apprendre avec passion
Pour devenir le meilleur compagnon,
Celui qui vous guide à la maison,
Celui qui est votre horizon…
Je suis restée longtemps
Auprès de ma douce compagne…
Je suis partie maintenant,
J'étais une Golden… Je m'appelais Dora !!!

***

Tant de jours sans toi…

Tant de jours sans toi,
Tant d'heures sans te voir,
Tant de minutes sans te sentir,
Tant de secondes sans t'entendre…
Tous ces jours sont des épreuves,
Toutes ces heures sont des calvaires,
Toutes ces minutes sont des malheurs
Et toutes ces secondes des déchirements…
Toute une vie de blessures enfouies,
Des années de chagrins cachés,
De soucis et de désirs écrasés,

S'effacent devant une nouvelle vie…
Tu n'es pas là
Et pourtant tu vis en moi…
Je sens ta présence autour de moi,
Ta puissance est entrée en moi…
Tu m'as redonné le goût de rire,
Tu m'as instillé ta joie de vivre,
Tu me donnes la force d'écrire,
J'ai pris ton art de vivre…
Je suis toi,
Tu es moi,
Tout est simple,
Nous sommes un…

***

La chasse au trésor

Si tu viens à ma chasse au trésor,
Je te donne une petite indication,
Regarde bien les panneaux de direction
Et tu trouveras la malle aux trésors…
Un secret y est enfoui,
Si tu veux vraiment le trouver,
Il te faudra fouiller,
Pour toi ce ne sera pas un souci…
Ce secret n'est que pour toi,
Tu ne peux pas le partager,
Prends ce chemin privé
Et tu ouvriras le premier cadenas…

Lorsque la malle sera ouverte,
Un arc-en-ciel s'en échappera,
Il te couvrira de tendresse
Et mon amour apparaitra…
Le bonheur est éphémère,
Mais l'amour est éternel…
Alors prends-le délicatement
Et places-le dans ton cœur tendrement…
Viens à ma chasse au trésor,
Je t'attends depuis si longtemps…,
Mon amour sera ton trésor,
Tu le berceras doucement, tout doucement…

***

La vie s'en va…

Que l'attente est longue,
Quand la vie s'envole lentement…
Le souffle de la vie s'enfuit doucement
Comme un bruissement d'ailes !!!
Le corps décharné sur ce lit,
Agité parfois de soubresauts,
Le long râle qui sort de sa gorge,
Sont le signe annonciateur du grand saut…
Nous entend-elle ?
Nous voit-elle ?
Sait-elle que nous sommes là ?
Elle n'est déjà plus là…
Ses yeux, d'ordinaire si bleus

Quand elle est joyeuse
Et gris quand elle est en colère,
Ne sont plus qu'absence et tristesse…
Son visage, auréolé de cheveux blancs,
N'est que douleur…
Elle n'est plus qu'une ombre transparente,
Un corps sans vie, un leurre…
Son corps est encore là,
Son esprit, lui, n'est déjà plus là !
Que fait-elle encore ici-bas,
La vie s'en va !!!

***

À travers toi…

À travers tes mots,
À travers ta voix,
Au travers de tes gestes,
Je sens ta détresse…
Dans l'éclat de tes yeux,
Je comprends que tu es malheureuse…
Dans ton comportement,
Je sens ce que tu ressens…
À regarder partir la vie,
Tu t'accroches à cette vie…
À vivre ta douleur,
Tu n'es que grande douleur…
Laisse-la partir,
Elle mérite désormais de se reposer !

Donne-lui ton sourire
Pour mieux s'en aller…
Accorde-lui ces mots sans regret…
Donne-lui ton autorisation…
Dis-le lui au creux de l'oreille,
Elle n'attend que ton pardon…
Accepte son départ,
Fais-le sans retard…
Elle va rejoindre son doux amant
Qui l'attend depuis trop longtemps !!!

***

Sur les remparts de Saint Malo…

Sur les remparts de Saint-Malo,
Je profite des rayons du soleil,
Les vagues se jettent contre le parapet
Comme de longs et bruyants jets d'eau.
Le vol des mouettes
Qui rasent les vagues déferlantes
Et leurs cris stridents
Me percent les oreilles…
Mon regard se perd au loin,
Sur cette mer déchainée,
Les longues bandes de rochers
S'accrochent dans le lointain…
Une mouette se détache
Et vient se poser près de moi…
J'approche doucement ma main,

Elle avance la tête et recule…
Puis d'un coup, elle s'avance rapidement
Et m'envoie des coups de bec…
Je retire ma main instinctivement,
Elle reprend son vol et disparait dans le ciel…

***

Le petit coucou

Ce matin, un coucou m'a réveillée…
Coucou, coucou…
Il m'appelle derrière la baie vitrée,
Viens, regarde-moi… coucou…
Je me suis levée,
Je l'ai regardé,
Il est venu vers moi,
J'ai tendu le bras…
Il s'est posé dans le creux de ma main,
M'a regardé de son œil rond,
A tourné la tête dans ma direction,
Ouvert son petit bec fin…
J'ai pensé qu'il voulait me parler,
Son œil est devenu anxieux…
Il m'a demandé si j'étais heureuse
Et pour moi s'est inquiété…
Nous avons longtemps bavardé,
Remontant dans le passé,
Il connaissait tout de ma vie
Me parlant de mes envies.

Coucou finalement s'est envolé,
Me laissant dans le désarroi,
J'ai cru qu'il était moi
Et là, je suis restée bouche bée…

***

La vieille citadelle

Les nuages s'amoncellent
Et obscurcissent la vieille citadelle.
Les vagues, au loin, remontant des abysses
Grossissent et roulent…
Le vent s'engouffre dans les ruelles,
Bousculant les poubelles,
Faisant claquer les volets
Au rythme des vagues sur le parapet…
Les cris stridents des mouettes,
Le tintement des cloches dans le beffroi,
Se mêlent aux bruits des pas,
Claquant sur les pavés austères…
La pluie prend ses aises
Et tombe en fin rideau,
Laissant apparaitre un voile
Brouillant la vue sur l'eau…
Je déambule dans ces petites rues
Cherchant vainement un abri sûr !!!
Je ne trouve rien de plus
Qu'un pas de porte… non rien de plus…
Je rentre chez moi trempée jusqu'aux os

Mais heureuse de connaitre cette citadelle,
Avec le souvenir d'une belle rencontre
Qui remplit ma vie d'un bonheur réel…

***

Appels au secours…

Je ne sais plus dans quel monde je vis,
Je ne sais plus où je suis,
Je ne sais plus quel est le jour,
Je ne sais plus quelle est l'heure…
Je vis sans toi,
Tu n'es plus près de moi,
Mes larmes ne coulent plus,
Mes yeux ne te voient plus…
Je cherche ta présence,
Je voudrais entendre ta voix,
Je voudrais voir ton sourire,
Je voudrais sentir tes mains…
La nuit est tombée sur ma vie,
La pluie envahie mes jours,
L'ennui terrasse mes heures,
Je ne suis plus qu'une ombre…
J'ai envie de te rejoindre,
Mais où es-tu en ce moment ?
Quel est donc ce beau pays
Qui te retient si longtemps ???
Ecris-moi ces mots que j'aime lire,
Redis-moi encore de ta douce voix,

Aux accents chantants,
Les mots qui me manquent tant…
Entends ma douleur,
Écoute mes peurs…
Reviens vite dans mon cœur
Me redonner le bonheur…

***

Toi, mon ami… ou mon frère…

Toi mon ami,
Dis-moi ce qui nous unit…
Toi mon frère,
Apprends-moi ce qui nous diffère…
Je ne suis plus jamais seule
Depuis que tu es là !
Tu m'accompagnes ici et là,
Tu es présent dans mes épreuves…
Mon ami, mon frère,
Me suivrais-tu en enfer ?
Mon frère, mon ami,
Nous n'avons qu'une seule vie…
Tu me dis de profiter de la vie,
Tu me dis de ne plus avoir peur…
Je n'ai plus qu'une chose à faire
C'est de me laisser faire…
Resterais-tu toujours près de moi ?
Me garderais-tu vraiment près de toi,

Comme un ami ou comme un frère ?
Mon frère, mon ami ou mon ami, mon frère…

***

La douceur des mots

Les mots, qu'on dit tous les jours,
Sont parfois des couteaux tranchants
Qui peuvent tuer l'amour
À petit feu, très lentement …
Les mots, envoyés vers le ciel,
Sont de longs chapelets,
Égrenés méthodiquement
Avec une grande espérance…
Les mots sont des étoiles filantes,
Que vous lancez vers les cieux,
Pour dire à tous vos aïeux
Qu'ils vous manquent infiniment…
Les mots chantés, chantés à l'oreille d'un enfant,
Le bercent tendrement,
Pour que ses pleurs, en s'arrêtant,
L'endorment doucement…
Les jolis mots d'amour,
Susurrés dans le cou,
Vous invitent toujours
À de tendres amours…

***

À contretemps …

Un regard croisé,
Dans le bas d'un escalier,
Des doigts qui se touchent,
Des petits baisers sur la bouche…
Un visage qu'on ne peut oublier,
Une silhouette qui s'efface dans le temps,
Une voix qui ne cesse de résonner,
Des paroles soufflées dans le vent…
Deux amants s'ébattant dans le même lit,
Des draps froissés sous les corps engourdis,
Des heures qui défilent langoureusement,
Une chambre envahie amoureusement…
Des larmes coulent lentement
Des yeux des deux amants,
Est-ce le bonheur de leur jouissance
Ou la peur de l'absence ???

***

Tout ce que j'aurais aimé te dire…

J'aurais aimé te dire,
Combien ta vie est précieuse,
J'aurais voulu te dire,
Combien ton départ me rendra malheureuse…
Tu t'accroches à la vie
Malgré ton désir de partir…
Tu t'accroches à la vie

Sans vraiment pouvoir le dire…
Ton visage, rose et sans ride,
Ne dit rien de tes souffrances…
Tes yeux maintenant si vides,
Nous disent toutes tes absences…
Combien de temps seras-tu absente ?
Combien de temps resteras-tu avec nous ?
Dis-nous pourquoi, lorsque tu es présente,
Tu ne dis pas ce qui te retient parmi nous ?
J'aimerais tellement abréger tes souffrances,
Même si je n'en n'ai pas le droit…
Pourquoi te laisser vivre cette déchéance,
Nous n'avons pas le choix…
Réveille-toi par amour,
Et dis-nous ce qui ne va pas !
Je t'en prie, baisse enfin les armes,
Et endors-toi pour toujours…

***

Ombre et lumière…

Le jour se lève sur un ciel gris,
Les nuages épais pleurent l'absence,
Mes larmes coulent en silence
Et mon cœur est triste et gris…
Un matin, c'est le renouveau,
Le soleil est déjà très haut,
Sa lumière inonde ma vie
Et mon cœur aussi…

Les hortensias, très touffus,
Sont en bouquets colorés,
Le rose et le bleu mélangés
Offrent une magnifique vue…
Les petites maisons alignées,
Aux ardoises grises,
Battues par la pluie et la bise
Invitent à la sérénité…
Une petite plage déserte,
Dans une petite crique, nichée
Au fin fond des rochers,
Se mêle à la campagne si verte…
Un petit sentier de pierres
Descend le long des rochers,
Dans les odorantes bruyères
Et le granite rosé…
Je rêve sur cette belle plage,
Allongée, les yeux dans les cieux,
Je vois ton doux visage
Et ton sourire radieux…
Soudain, tu es près de moi,
Ta silhouette me fait de l'ombre,
Et pourtant, je sais qu'avec toi
La vie est moins sombre…
Aujourd'hui ce n'est qu'un rêve,
Mais je sais que très bientôt,
Je serai dans ce pays si beau
Et ce sera la vie réelle…

***

Couleurs Provençales

Les vignes à perte de vue,
Les champs de lavandes odorantes,
La campagne est éclatante
Sous le soleil ou la lune…
Les tournesols orangés,
Les épis de blés dorés,
Les oliviers chargés de fruits murs
Offrent le spectacle de la nature…
Les petits villages hauts perchés
Et leurs clochers triomphants
Dominent majestueusement
Le paysage ensoleillé…
Les amandiers en fleur au printemps,
Les mimosas parfumés,
Les cigales chantant l'été,
Tout est motif au dépaysement…
Le mistral incessant
À toutes les saisons,
Les orages détonants
Mènent la vie sans façon…
L'accent méditerranéen,
Que tout le monde entretient,
Au café ou à la pétanque,
Enchante toute la Provence…

***

Sur un chemin du Vercors

Je suis sur une route en lacet
Qui grimpe à flanc de montagne.
Les nuages, d'une couleur sable,
Semblent accrochés au sommet…
Les virages, en épingle à cheveux,
Bordés de murets de pierres,
Laissent découvrir des vues singulières
Dans l'ombre des cieux…
Je me promène, le nez au vent,
Mon souffle est un peu court
Quand mes pas, beaucoup trop lourds,
S'incrustent dans l'herbe tendre…
Au sommet, la tête dans les nuages,
Je scrute cette vue sublime,
Et malgré ma peur du vide,
Je suis dans les étoiles !!!
Les chemins s'enfoncent dans les sous-bois…
Les cimes des grands sapins se saluent…
Le bruissement du vent dans les branches
Me met rapidement aux abois…
Je rebrousse vite chemin,
Les bruits ne sont point communs…
La peur me prend les tripes
Et je détale d'un pas rapide…

***

Le rêve et l'oubli…

Un rayon de soleil un peu embrumé
Ma caresse doucement le visage.
Ce matin, je n'ai pas envie de me lever,
Je suis bien, enfouie dans les draps…
Dehors, le bruissement des arbres,
Agités par un vent léger,
Me laisse dans une léthargie agréable
Et me pousse à rêver…
Une envie irrésistible de dormir,
Pour censurer tous mes soucis,
Me pousse à m'enfuir
Dans le rêve et l'oubli.
J'aime ce moment très doux
Où le rêve et la réalité mélangés
Et le corps détendu mais lourd
Sont profondément dans les bras de Morphée…
Les aiguilles tournent encore et toujours
Sur les chiffres qui défilent.
Le cadran de l'horloge me rappelle
Que, malgré tout, la vie suit son cours…

***

Où es-tu mon enfant ???

Toi, l'enfant que j'attends
Depuis si longtemps,
Quand viendras-tu ici

Rejoindre ta famille et tes amis ?
Es-tu un bel ange blond
Aux yeux en amande ?
Es-tu un beau cupidon
Jouant des sarabandes ?
Nous avons tellement parlé de toi,
Plaisantant sur ton apparence,
Viendras-tu d'ici ou là,
Nous t'attendons avec impatience !!!
Il y a toujours cet espoir,
Même si nous ne sommes pas certains
Qu'il existe vraiment ce lien…
J'ai rêvé de cet instant
Mais tu prends encore ton temps.
Crois-tu que nous ayons raison
De sentir ta présence dans notre maison ?
Mon bel enfant,
Je ne sais pas qui tu es vraiment,
Je ne souhaite à cet instant
Que faire enfin ta connaissance…
Ne tarde pas à nous rejoindre,
Tu n'as plus rien à craindre,
Tes sœurs et ton frère t'aiment déjà très fort,
La vie est courte pour attendre encore !!!

***

Visite à Cahors…

Sortie d'autoroute Cahors sud,

Instinctivement je me dirige vers cette ville
Que je ne connais pas…
Pourquoi Cahors ???
Je me sens attirée vers le centre,
Les rues me semblent familières
Pourtant je n'y suis jamais venue…
Est-ce la muraille ou les tours Saint-Jean
Et de la Poudrière qui me racontent leur histoire ?
Est-ce la Cathédrale Saint-Étienne
Et ses merveilleux décors ou bien
La Chapelle Saint-Gaubert et ses reliques qui me toisent ?
Est-ce la légende du pont Valentré
Qui envahit mon esprit ?
Les maisons médiévales et les jardins secrets
Me font tellement rêver…
La Barbacanne et la tour du Pendu
Nous enveloppent d'un nuage de mystère
Lorsque vous frôlez leurs murs…
Chaque pas, dans le vieux quartier, est une farandole
De la vie passée et vous laisse avec les fantômes
Qui l'habitent encore et toujours…
Mais il y a par-dessus tout cette convivialité autour
De cette table avec ces produits du terroir…
Ces mets, tellement divers et délicieux, toujours servis
Avec gentillesse et le sourire…
Ces vins parfumés, plein de ce merveilleux accent chantant
Qui me tourne la tête…
Ce lot me donne envie de le parcourir,
À pied, à vélo, en bateau ou en auto…

J'ai envie de connaitre ces gens qui chantent en parlant
Et qui sourient en me regardant…
La verdure de ses plaines, les vignobles à perte de vue,
Les vallées encastrées donnant sur ce fleuve
Parfois capricieux, sonnent le ton du caractère de ses habitants…
Traverser la ville, le nez au vent, les pieds sur terre…
Scruter les façades de ces maisons anciennes,
Admirer ces Jardins Remarquables,
Renifler les odeurs des plats du terroir,
Goûter et déguster les arômes particuliers de ces vins corsés.
L'envie de découvrir, comprendre et aimer
Me fait faire le détour par Cahors…
Voici le bonheur à découvrir et à partager !!!

***

Luna, princesse des îles…

Luna, petite princesse des îles,
Au visage angélique,
Auréolé de boucles brunes
Au sourire si doux.
Je te chante une berceuse,
Tu me regardes de tes grands yeux.
Tes paupières sont lourdes de sommeil
Mais tu luttes et te réveilles…
Je caresse tes petits bras potelés,
Ta petite main attrape mon doigt

Et tu le serres très fort pour t'accrocher,
Tu exerces déjà ton immense pouvoir…
Tu plonges doucement dans les bras de Morphée,
Ton doux sourire gentiment s'efface,
Tes petits doigts lentement se relâchent,
Tu nous donnes simplement l'envie de t'aimer…
Luna, petite princesse métisse,
Tu remplis nos cœurs de douceur,
Tu nous enlèves toutes nos douleurs,
Tu es la plus belle fleur des îles…

***

Une petite musique légère…

Une petite musique légère
Résonne dans ma tête,
L'emplissant de gaieté
Malgré mon envie de déserter…
Quelques notes égrenées
Tout au long de la journée
Reviennent en sérénade
Même au cours de ma promenade…
Une gamme en mi majeur
S'entrechoque sur ses quatre notes,
Les croches s'amusent entre elles
Et se mélangent aux dièses…
La clé de sol couchée sur la gamme
Semble donner le ton
Tout en cherchant les sons

Qui amplifieraient son éventail…
Les touches du piano
S'accordent mollement
Sur la gamme en do
Tandis que la guitare démarre rapidement…
Un air machiavélique
S'enracine dans mon esprit
Refusant tout compromis
Sur une gamme angélique…

***

L'enveloppe sans vie

Tu n'es qu'un cœur meurtri,
Une enveloppe sans vie,
Un désir sans âme,
Un feu sans flamme…
Tu es l'endroit sans l'envers,
Tu es une vie sans envie,
Tu es l'avant sans l'arrière,
Tu es le présent et l'oubli…
Tu n'es qu'une masse noire
Qu'on dépose ici ou là,
Dans un coin de couloir
Ou autour d'une vague table…
Quand tu nous regardes
Avec tes yeux bleus grisés,
La vie déjà s'en est allée,
Tu n'es plus qu'une page de garde !!!

Je cherche toujours à déchiffrer
Les soubresauts de ton pauvre corps
Qui lutte constamment contre la mort,
Des sursauts seulement momentanés…
Je voudrais te donner la flamme
Qui ranimerait tes envies,
Qui ôteraient tout tes soucis
Et donnerait la vie à ton âme…
Dans quel beau paradis
Es-tu déjà partie ?
Dans quel terrible enfer
As-tu enfoui tes misérables galères ???

***

Mon fils, mon amour,

Tu es le reflet de mes passions,
Tu es le double de mes visions,
Tu es mon envie de vivre au jour le jour…
Tu es mon bonheur
Pour qui j'ai souvent peur.
Tu es mon beau héros
Qui as osé partir très tôt…
Je t'aime comme tu es,
Je t'aime pour ce que tu vis,
Je t'aime pour ton reflet,
Je t'aime pour tes envies…
Je donnerais mon corps
Si tu en avais besoin pour ta survie.

Je donnerais ma vie
Pour que tu puisses aimer encore !!!
Mon fils, mon amour,
Tu es ma mémoire vive,
Tu es mon parcours,
Tu es ma raison de vivre…
Tu es le dernier bébé,
Après trois belles petites poupées
À qui j'ai tout donné…
Vous êtes l'éclat de mon passé…
Pour trouver ton bonheur,
Pour apaiser tes peurs,
Pour ôter toutes tes rancœurs,
Cherche profondément dans ton cœur…

***

Vague à l'âme…

L'horizon me semble loin et triste,
La falaise si blanche et très haute
Surplombe la plage au sable gris
Et le ciel plonge dans les rouleaux…
Je marche dans l'herbe humide,
En longeant la côte escarpée,
Je suis prise de vertige
Quand mon regard s'accroche au rocher.
Mon esprit divague,
Et j'ai le vague à l'âme…

Je vis dans un rêve trop sage,
Je n'ai plus de port d'attache.
Où vais-je jeter mes amarres ?
Dois-je continuer ma vie de nomade ?
Suis-je arrivée au bout du chemin ?
Je suis peut-être au terme… Enfin !!!!
Je n'ai plus envie de fuir,
Fuir mon passé ou mon avenir,
Je veux maintenant me poser
Pour doucement me reposer…

***

Combien d'années encore ???

Le soleil est pâle ce matin,
J'ouvre les yeux doucement
Dans la fraicheur retrouvée… enfin !!!
Le temps s'écoule imparablement…
Au loin, les clochers sonnent à la volée,
Leurs tintements percutent les rochers
Et viennent naturellement s'effondrer
Sur les vagues déchainées…
Je m'enroule dans la couette brodée
Et je continue mon rêve de liberté.
Je prends le bateau sur la jetée,
Je m'enfuis dans cette immensité…
Qu'ai-je fait de mes rêves ?
Que sont devenus mes grands espoirs ?
Je ne vis que des désespoirs…

J'ai envie enfin d'une trêve !!!
Combien d'année me reste-t-il ?
Aurai-je assez de temps
Pour accomplir toutes mes envies ?
Je me suis perdue trop longtemps…
Le soleil est plus haut
Et tape sur les carreaux,
Il n'est plus temps de rêver,
Il faut rejoindre la réalité !!!

***

Petite mère,

Ton regard perdu,
Mais encore et toujours en colère,
Nous fusille et nous rend amer…
Y a-t-il des sous-entendus ?
Nous savons que tu vas t'envoler
Et nous voudrions te retenir…
Il n'est plus l'heure des satires
Mais celle de t'accompagner…
Dans tes cascades de soupirs,
Il n'y a que douleurs !!!
Es-tu toujours dans tes souvenirs ?
Sais-tu que tu nous insuffles tes peurs !!!
Près de toi, le silence s'alourdit
Comme un orage menaçant…
Les heures passent comme un défit
À la vie, à la mort et au temps…

Dans notre tête, tout est conflit,
Doit-on déjà te laisser partir ?
Qui sommes-nous pour encore te dire
Si tu as le droit de quitter ta vie ?
Petite mère, il ne faut pas rester,
Si c'est pour nous que tu espères,
Oublie ta vie passée
Et va enfin vers notre père…

***

Le thé dansant…

Un dimanche ensoleillé,
Dans une salle chauffée,
Les danseurs évoluent timidement.
Ils glissent lentement,
Le sourire aux lèvres,
Leurs pas s'harmonisent,
Leurs bras se frôlent,
Leurs mains se touchent…
Leurs silhouettes légères
Flottent dans l'atmosphère…
Je les regarde, les admire,
Leur évolution me fait envie…
Le tchatcha les enveloppent,
Le mambo les emmène sous les tropiques,
La samba les laisse sur le sable doré du Brésil,
Le boléro les transforme en un duo d'harmonie…
La valse leur fait tourner la tête,

Leurs pieds ne touchent plus terre.
Le rock endiablé les fait frémir
Et leur donne des ailes !
La tarentelle nous promène
Dans une farandole merveilleuse,
Et la java, si capiteuse,
Se danse les yeux dans les yeux…
Le chanteur, de sa voix envoûtante,
Nous transporte dans un monde de fantasme !
Du son gitan, au slow langoureux,
Il est le maitre du parquet…

***

Le carillon

Les aiguilles du carillon se sont arrêtées…
La vie a cessé à l'heure indiquée.
J'ai mis la clé pour le remonter,
J'ai lancé le balancier…
Les aiguilles ont avancé,
La sonnerie a tinté,
Tous les quarts d'heure, il a sonné,
Puis de nouveau, il s'est arrêté !!!
Il m'avait choisi pour continuer son parcours,
Il m'avait apporté tout son amour,
Je lui ai demandé son pardon
De ne pas le garder dans ma maison…
Je veux te l'offrir avec tout mon cœur,

À toi ma petite sœur,
Pour qu'il perdure dans le temps
Comme avec nos grands-parents.
C'est une partie de nos vies,
C'est l'histoire de notre famille,
Il te donnera tout l'amour qu'il nous a donné,
À toi de le chérir et de le chouchouter…
Demain, le carillon reprendra sa chanson,
Près de toi, dans ton monde,
N'oublie pas de l'aimer
Et surtout de le remonter…
Demain, tu vas lui redonner vie,
Ne laisse pas son cœur s'arrêter,
Et quand tu vas le regarder,
Pense à nous qui sommes encore là… ici…

***

Mon amour, mon enfant,

Mon amour, mon enfant,
Bien au chaud dans ton cocon,
Tu pointes ton nez au moindre son
Et tes coups sont déroutants.
Tu as pris une grande inspiration
Puis j'ai senti ta respiration,
Tu as décidé de montrer ton visage
Et tu es devenu un enfant sage…
Tes premiers pas sont compliqués,
Tu te balances sur tes deux pieds.

Ton petit derrière, bien harnaché,
Te déséquilibre et te fait tomber…
De tes petits doigts fragiles,
Tu attrapes la minuscule balle ronde,
Tu l'envoies d'un geste malhabile
En secouant ta petite tête ronde.
Au son de la musique qui grandit,
Tu remues ton popotin,
Tes longues boucles blondes
S'agitent en même temps que tes mains…
Tu grandis trop vite,
Je vieillis moi aussi,
Tu prends ton envol sans retour,
Mon enfant, mon amour…

***

Requiem pour un corps meurtri… Pour maman…

Je ne suis qu'un corps sans vie,
Une enveloppe qui survit,
Un cœur fatigué qui bat encore,
Mais sans cerveau qui déjà s'endort…
Mon pauvre squelette n'est plus solide,
Mes muscles sont mous et perdus,
Mes yeux sont vides,
Déjà, je ne suis plus…
Je gis, attaché sur un lit,
Une sonde comme vessie,
L'oxygène pour respirer,

Du glucose pour m'alimenter...
Pourquoi me laissez-vous ainsi ?
Qui êtes-vous pour décider de ma vie ?
Je ne demande qu'à mourir,
Par pitié, laissez-moi partir !
Je ne peux plus me regarder,
Je ne veux plus résister...
Abroger cette loi infâme,
Qui m'oblige à garder mon âme...
Je ne suis qu'un corps meurtri
Que vous prolonger pourquoi, pour qui ?
Pour soulager vos égaux
Et empocher des capitaux !!!
Donnez-moi cette seringue,
Injectez-moi ce fabuleux cocktail
Qui me plongera dans le sommeil
Et me délivrera de ce corps de dingue...

14 septembre 2015
Maison de retraite « Les Charmilles »
Changé – Les Laval – Mayenne

***

Cris de douleur

Si j'ai hurlé ma douleur,
Ce n'est pas de l'impudeur,
Si j'ai écrit mes peurs,
Ce n'était pas par erreur...

Chaque jour, je vis sa souffrance,
Chaque instant, je vis sa déchéance…
Chaque matin de son existence,
Elle a vaincu sa désespérance…
Mais où est donc l'indécence ?
Est-ce de crier toute la souffrance ?
Est-ce de laisser vivre la défaillance
Dérivant jusqu'à la déchéance ?
Nous ne sommes plus dans les anciennes croyances,
Mais dans le siècle de la science…
Alors, ne nous laissons par envahir par l'insuffisance
Et acceptons d'abréger les souffrances !!!
Nous n'avons plus le temps,
Cessons de tergiverser,
Il faut avoir le courage de crier
Et d'abréger les larmoiements…

***

Que suis-je ?

Je ne suis qu'un point lumineux
Dans la noirceur de la nuit.
Je ne suis qu'un quartier de lune
Dans la nuit étoilée.
Je ne suis qu'un rayon de soleil
Inondant notre terre.
Je ne suis qu'une étoile
Dans le ciel immense.
Je ne suis qu'un enfant

Dans tout l'univers.
Je ne suis qu'une femme
Dans toute l'humanité.
Je ne suis qu'une note
Dans la gamme en fa mineur.
Je ne suis qu'une musique
Dans un opéra majeur.
Je ne suis qu'une virgule
Dans une phrase ridicule.
Je ne suis qu'un poète
Déclamant des vers.
Je ne suis qu'une fleur
Perdue dans le désert.
Je ne suis qu'une dune
Au bord de la mer.
Je ne suis qu'une vague
Se fracassant sur le parapet.
Je ne suis qu'un flocon de neige
Tombant doucement sur les sommets.
Je ne suis qu'un oiseau
Volant dans les cieux.
Je suis tout cela et rien à la fois…
Je suis toi… tu es moi… nous sommes un…

***

Connais-tu le bonheur ?

Connais-tu le bonheur ?
Je l'ai longuement cherché,

J'ai cru l'avoir trouvé
Mais ce n'était qu'un leurre…
Après quelques mois heureux,
Des mots et des sourires lumineux,
Le ciel s'est brusquement alourdi
Pour ne laisser que des nuages gris…
Puis, un peu de rayon de soleil,
Une petite pointe de lumière
Mais ce n'était plus pareil
Et j'ai mis le bonheur en bière…
Un matin, il est arrivé,
Sans crier gare il s'est posé,
J'ai su qu'il était la vérité
Et dans mon cœur je l'ai caché.
Je ne le laisserai plus s'envoler,
Il s'est déjà bien incrusté,
Il a pris racine en moi
Et ce bonheur c'est toi…

***

Ton lit de souffrance…

Tu es allongée sur ce lit de souffrance
Comme si tu étais en pénitence.
Ton pauvre corps défaillant
N'est qu'une masse inerte en partance.
Ton visage, parfois innocent,
Ne livre jamais tes pensées.
Es-tu dans le présent

Ou bien déjà dans le passé ?
Quelquefois, tu appelles Cupidon,
Qu'attends-tu de ce bel ange ?
Dis-nous ce que tu entends ?
Dis-nous pourquoi tu parles à Cupidon…
Ton pauvre cœur, si fatigué,
Te fait faire des soubresauts
Pour encore et encore retomber…
Ta peau n'est que flétrissure,
Tes jambes sont le reflet des meurtrissures.
Tes forces t'ont abandonnée,
Nous n'osons plus te toucher …
Que te reste-t-il à vivre comme temps ?
Combien de souffrances vas-tu supporter ?
Si tu savais comme nous regrettons notre enfance
Pour te revoir encore en bonne santé !
Maman, je te donne ma bénédiction,
Nous te donnons tous la permission
De quitter ta vie de souffrance
Et de rejoindre enfin ton bel ange !!!
Où t'en vas-tu ce soir ?
Allons-nous un jour te revoir ?
Seras-tu mieux dans ton paradis ?
Tu ne peux désormais rester ici…
Tu n'es plus le maitre de ta vie
Et en aurais-tu encore envie ?
Ton corps est déjà parti
Mais où est donc ton esprit ?
Bientôt tout sera fini,

Tu n'as plus qu'un petit souffle de vie,
Tes yeux, d'habitude d'un bleu limpide
Sont devenus d'une couleur insipide…
Dans ce moment de désarroi,
Je sais bien que tu as peur,
Je voudrais te serrer dans mes bras
Mais je ne peux que t'écrire ma douleur…
Soudain, un petit courant d'air,
Arrivé d'on ne sait où et pourquoi,
A soufflé au-dessus de toi
Et a soulevé ton âme comme une plume légère…
Ne résiste pas, envole-toi petite mère,
Attrape ce rayon de lumière,
Entoure-toi de sa clarté
Et endors-toi pour l'éternité…

***

L'étrange silhouette

Une silhouette s'approche,
Une ombre étrange,
Une forme sous le porche,
Je crois voir un ange…
Est-ce un homme ?
Est-ce une femme ?
Je ne sais pas distinguer,
C'est une sorte de clarté…
Tout de blanc vêtu,
D'une blancheur absolue,

La forme vient vers moi,
Elle bouge comme un pantin de bois…
Arrivée à mi-hauteur,
Je distingue des yeux rieurs,
Un masque de protection
Lui couvre le menton.
Je suis interloquée
De pouvoir constater
Que c'est un peintre en bâtiment
Qui s'agite sur le ciment…
La blancheur immaculée
N'est qu'une combinaison de papier
Pour cacher son pantalon
Et éviter les petits pompons…
Pompons de peinture,
Pompons de souillure,
D'une main il agite le rouleau
Et de l'autre le pinceau…

***

Mon frère, mon double

Mon frère, mon double,
Je ressens ton trouble,
Je vis ta détresse,
J'ai peur pour toi mon frère…
Tu ne le sais peut-être pas,
Depuis toujours, nous sommes un,

Tu ne le croiras certainement pas,
Nous sommes du même brin…
Ma vie s'accroche à la tienne,
Ton existence est identique à la mienne,
Nous sommes du même âge,
Mais nous n'avons plus d'âge…
Mon frère, mon ami,
Je souris quand tu souris,
Je pleure lorsque tu pleures,
Je ne veux que ton bonheur…
Mon double, mon frère,
Nous vivons sur cette terre
Et nous sommes, pour toujours,
Liés par un sentiment d'amour…
Un amour fraternel,
Un lien immatériel,
Un nœud inconditionnel,
Grâce à l'image paternelle…

***

Mes nuits sans sommeil…

Encore une nuit sans sommeil,
Encore une nuit dans les ténèbres,
À essayer de courir après des zèbres,
À avoir peur du réveil…
J'ai beau compter les moutons,
J'ai beau scruter les étoiles,
Je suis comme un moucheron

Que l'araignée fixe dans sa toile…
La nuit m'enveloppe de son linceul,
Mes pensées m'emmènent dans l'obsession,
J'aimerai vivre ma passion
Et me sentir enfin moins seule…
Mon cerveau, toujours en ébullition,
Compose des mots et des gammes,
Je suis emportée dans un tourbillon
De couleurs qui en émanent…
Comment s'endormir,
Sans la peur de perdre le fil de mes pensées ?
Comment faire pour évacuer
Cette absolue envie de toujours m'enfuir ?
Je cherche ce qui me fait si peur,
Je crois connaitre ces immenses douleurs
Qui me paralysent encore le cœur
Et me font fuir le bonheur…
Je suis au bord d'un précipice,
Sur la margelle d'un puits,
Je ne veux plus avoir peur de la nuit
Ni de ces abysses…

***

Pour maman…

Aujourd'hui, quel bonheur,
En rendant visite à maman,
J'ai entendu une nouvelle surprenante
Qui m'a touché en plein cœur !!!
« Maman est au bout de sa vie,

Mais n'est pas en fin de vie… »
Quelle est la différence,
Si ce n'est que de la pure déchéance !!!
On joue sur les mots,
On nous ment effrontément…
Pourquoi ne pas faire l'effort
D'expliquer ce comportement ???
Ici, l'empathie n'est pas de mise,
Ici, il n'y a pas de compassion…
Ici, c'est une entreprise
Qu'on dirige sans grande conviction…
La vieillesse est un immense précipice
Qu'on traverse sans prétention,
Avec le sentiment d'être au supplice
Et remplir leurs ambitions !!!

***

Le partage

Pourquoi cette question de partage ?
Dites-moi quel serait cet avantage
De laisser faire cet acte curieux ???
Ce serait, pour nous, un choix monstrueux…
Laisser notre mère,
Aux mains, peut-être expertes,
Mais peu compatissantes
Des Charmilles et de ses soignantes !!!
Nous ne pouvons pas accepter
D'oublier, un tant soit peu,

Que notre mère nous a portés
Même si cela n'a pas été toujours heureux…
Notre mère semble encore nous appartenir
Même si elle ne s'appartient plus…
Nous ne pouvons non plus la partager avec plaisir,
Pourtant il le faut de plus en plus !!!

***

L'abandon

Quelle grande frustration
De s'entendre dire en réunion
Que nous devons prendre de la distance
Avec celle qui nous est chère, notre maman…
À 97 ans, l'âge où on a besoin de tous ses enfants,
On nous demande de la voir moins souvent !!!
Comment ne pas prendre cela comme un abandon ?
Il est anormal d'exiger une telle rupture
De la part des enfants près ou loin !!!
Car, si la mort parait être une imposture,
Sa déchéance ne peut être que la fin…
Abandon… abandon…
Pourquoi nous l'imposerait-on ?
Si ce n'est que pour qu'un jour nous regrettions
D'être à l'origine de sa disparition !
Nous n'avons pas à prendre une telle décision,
Ne me dites pas que c'est mon imagination
Qui dirige et amplifie ces extractions…
Pour nous, il n'est pas question de son abandon !!!

***

Décès de maman le 15 octobre 2015

Texte lu aux obsèques, à la Paroisse Saint-Jean à Laval le 19 octobre 2015.

Maman nous a quittés…
Son corps est enfin apaisé…
Son âme s'est envolée…
Une arche de la vie s'est brisée…
Nous étions pourtant préparés,
Car maintes fois, la vie s'est échappée !!!
Mais elle avait le don de ressusciter
Et de revenir dans ce monde de plus en plus étranger !!!
Aujourd'hui, le pont s'est effondré,
Et comme pour nous narguer,
Elle a décidé, seule, de partir
Et de ne nous laisser que des souvenirs…
Il n'est plus l'heure de revenir en arrière,
Il n'est plus temps des ressentiments…
C'est un moment de grand recueillement
Pour accompagner notre mère… cette guerrière !!!

***

Le grand virage…

Tu as négocié le grand virage

Et tu es partie en voyage,
En n'emportant pour tout bagage
Que ton corps affaibli et ton beau visage…
Nous sommes devenus orphelins…
Des orphelins d'une grande fratrie,
Des orphelins d'une maison vide
Après ton départ soudain !
Des trois derniers jours passés près de toi,
À guetter ton souffle de vie,
À te parler de tes envies,
Il n'y avait plus aucun émoi…
Derrière tes paupières closes,
Que pouvais-tu entrevoir ?
Certainement rien de mon désespoir
Ni de la vie qui marquait une pause !
Tu es partie en voyage,
Un long voyage sans retour,
Tu as tourné les dernières pages
De ton épais livre d'amour…

***

À la chambre funéraire

Ta souffrance n'a eu d'égal que le mal que tu as fait
Mais pour cela, tu es pardonné…
Ta déchéance n'était pas ce que je désirais,
C'est pour cela que tu as résisté.
Je ne savais pas ce que tu pensais,
Ton regard gris bleu me glaçait…

Tu n'étais qu'une illusion,
Tu te moquais de ce que nous pensions…
Tout le monde peut bien te pleurer,
Ils ne savant pas ce que tu as enduré
Et ton âge n'a fait qu'amplifier
Ton envie de t'en aller…
Tu es partie un matin de bonne heure,
Tu ne devais plus avoir peur.
Ton visage est devenu serein,
Ta vie, comme une bougie, s'est éteinte !
Tu nous as laissé en cadeau,
Les souvenirs de tes propos,
Des mots souvent en quiproquos,
Des mots qui font froid dans le dos…
Tu as récolté ce que tu as semé,
Et maintenant, tu dois bien rigoler
À nous voir gesticuler,
Et à nous voir nous entretuer…
Avec moi, tu ne gagneras pas,
Tu peux tout détruire autour de moi,
Je me relèverai encore une fois,
Comme quand tu m'as laissé tomber la dernière fois !!!
Ma vie n'a été qu'une ombre grâce à toi,
Maintenant l'ombre, c'est toi…
Je ne peux pas même t'en vouloir,
Tu as payé cher sans le savoir…

***

Hypocrisie…

Les as-tu vus penchés sur ton cercueil,
Versant des torrents de larmes,
Essayant de se convaincre de leur désespoir
Mais ne faisant que se donner en spectacle !!!
Les as-tu vus mener la danse,
Pour dire combien ils t'aimaient ?
Étaient-ils près de toi ces dernières années,
Comme nous qui suivions en silence !!!
Je n'ai plus de larmes depuis longtemps,
Je ne me lamenterai pas sur ton sort,
Je t'ai tout dit quand nous étions ensemble,
La veille de ta pauvre mort…
Regarde–les danser sur ta tombe
Piaillant comme des pies,
Montrant leurs larmes de crocodiles,
Mais attendant pour tout te prendre !
Nous ne pouvons les laisser faire,
Mais nous pouvons les laisser dire,
Ils ne savent rien de tes affaires,
Nous, nous sommes comme les quatre mousquetaires !!!

***

Manipulation

Qu'as-tu fait de tes enfants ?
Comment as-tu pu les manipuler
Pour qu'ils soient aussi bornés
Et complètement inconscients…
Je les regarde se détester,

Je les laisse s'abreuver de colère
Et nourrir leur soif d'imbécilités
Qui les dominait déjà naguère !!!
Certains ont oublié qui étaient les ainés,
D'autres se laissent mener par le bout du nez…
Il n'y a pas de juste mesure
Quand on développe de minables injures…
Tu as dirigé les débats de ta tombe
En riant des fautes qui t'incombent !
Jusqu'où laisseras-tu miner l'atmosphère
Et nourrir les feux de cette guerre…

***

1er novembre 2015 – lettre pour Prince – aide-soignant aux Charmilles

Je suis allongée sur mon lit de souffrances,
Mon corps engourdi par ma déchéance.
Derrière mes paupières closes,
Ma vie défile lentement et marque des pauses…
Des sons sourds me parviennent soudain,
De la musique, des paroles dans le lointain,
Des notes de musiques douces et claires,
Serais-je déjà dans la lumière ?
Puis, un son familier à mon oreille,
Une voix douce et chantante
Qui me fait réagir sans pareil !
Une main qui cherche ma main,
Des doigts qui serrent les miens…

Je les resserre sur les siens
Et je les rejoins…
J'ai reconnu sa voix…
J'ai su que Prince était près de moi,
J'ai repris ma pause apaisée,
Derrière mes paupières fermées !!!

***

Lettre à Alice, infirmière de la dernière heure

Ma dernière nuit fut longue et exténuante !
Ma respiration faisait souvent des pauses
Et je sentais ma vie partir lentement,
Seule, derrière mes paupières closes…
Je sentais parfois une présence
Mais ne distinguais rien près de moi.
Un visage se dessinait
Et aussitôt s'évanouissait…
Des sons me parvenaient
Et aussi vite disparaissaient…
Des lumières clignotaient
Et lentement s'éteignaient…
Au petit matin, mon corps fatigué
Par cette nuit interminable,
Je me suis enfouie dans l'oreiller
Et j'ai attendu la fin incontournable…
Puis, près de moi, vous êtes arrivée,
Alice, infirmière du petit matin,
Doucement vous m'avez pris les mains,

Alors, lentement je suis partie rassurée et apaisée…

***

Adieu l'enfance…

Ce matin, je quitte ce petit coin de France
Où je laisse mon enfance
Ainsi que mon adolescence
Et toutes mes souffrances…
Je t'ai accompagné, pendant tes derniers jours,
Pour ton grand voyage sans retour.
Ceci m'a laissé au fond du cœur,
Une sombre amertume et une immense douleur.
Le jour de ton enterrement,
J'ai déposé un petit caillou blanc,
Pour laisser près de toi
Un peu de ce qui était moi…
Je l'ai serré si fort dans ma main,
Que j'y ai gravé mes empruntes,
Celles de mes peurs et mes angoisses,
Celles de ma colère et de mon désespoir…
De mon cœur brisé, plus de larmes,
De ma vie passée, plus de hargne,
J'y ai aussi abandonné mon insécurité
Et je suis partie sans me retourner…
Peut-être reviendrais-je un jour,
Pour retrouver mes racines
Et retisser des liens invisibles
Qui seront certainement des liens d'amour…

***

Triste séparation…

Mon amour, tu es parti ce matin,
Me laissant seule avec mon chagrin.
Après ton départ, je suis face à mon désespoir,
Et pourtant je ne vis que d'espoir…
Désespoir de ne plus te voir,
Désespoir de ne plus te toucher,
Désespoir de ne plus te parler…
Tout a changé depuis que je t'ai rencontré.
Tu m'as donné le goût de vivre,
Le goût d'écrire,
Et aussi le goût de rire,
Pourtant je ne puis que souffrir…
Souffrir quand je suis sans toi,
Souffrir quand je m'éloigne de toi,
Mais je revis dès que je te vois
Et que je te sens en moi…
Nous devons souvent nous quitter
Pour mieux nous retrouver.
Nous nous reverrons très bientôt
Car notre amour est le plus beau…

***

Ce matin, à ma fenêtre,
Une rose s'est ouverte.
Une rose de novembre

Couverte de perles de pluie d'ambre…
Cette rose est pour toi,
Pour te parler de moi,
Pour te dire tout mon amour
En attendant ton retour…

***

Un mois déjà,

Voilà un mois aujourd'hui
Que tu es parti.
Quarante-deux ans le dix-neuf novembre
Que les jours sont très sombres…
Tu as pris le temps de t'interroger,
Puis souvent renoncer
Pour aller le retrouver
Et finalement t'en aller…
Mais quelles étaient donc tes peurs
Pour que tu reprennes tellement vigueur ?
Pensais-tu qu'il viendrait te chercher
Et enfin te ramener ?
Puis le temps est arrivé,
Devant ton pauvre corps décharné
Et ta respiration si saccadée,
Je t'ai supplié de cesser de lutter…
Il y a longtemps
Que je suis habituée à ton absence,
Et depuis le jour de ton enterrement

C'est une incroyable renaissance…
Aujourd'hui, cela fait un mois passé,
Pourtant il me semble que c'était hier,
Que je vous voyais assis sur ce mur de pierres
Et que vous posiez pour l'éternité…

***

Introspection

Hier, je regardais ton visage fatigué,
Ta tête reposait sur ton oreiller…
J'ai posé ma tête près de la tienne
Et doucement, je t'ai fait mienne…
Mes doigts caressaient tes joues blêmes
Et remontaient sur ton front lentement,
M'arrêtant sur tes cheveux blancs
En espérant un signe même bref…
Précautionneusement, je pénétrais ton esprit
Et me faufilais dans ses sillons,
Scrutant toutes les informations
De ton cerveau à la dérive…
J'y ai vu beaucoup d'images
Qui s'entrechoquaient à mon passage,
Et je rassemblais quelques souvenirs
Mais je ne voyais plus d'avenir…
Aujourd'hui, tu es entrée dans le passé,
En retrouvant certainement des êtres aimés,
Et je vais garder au fond de mon cœur,
Les images et les mots dont tu m'as fait l'honneur…

Demain, quand la douleur sera apaisée,
Je coucherai prudemment sur du papier,
Les souvenirs que j'ai bien rangés
Dans des cartons bien ficelés…

***

Attentats…

Pourquoi tant de haine ?
Pourquoi tant de violence ?
Pourquoi tant de souffrance ?
Pourquoi cette déferlante souterraine ?
Ne peut-on vivre ensemble
Sans se déchirer et s'entretuer ?
Ne peut-on simplement s'aimer
Et être tous plus tolérants ?
Il n'y a pas assez de mots
Pour dire combien il y a la peur…
Il n'y a pas assez de mots
Pour crier notre douleur…
Est-ce vraiment si insensé
De croire à un nouveau jour ?
Pourquoi devrions-nous oublier
Que nous savons vivre d'amour ! .
L'amour se donne au berceau
Et la haine ne se joue pas au loto !
L'enfance choisit son miroir
Avant de l'enfermer au fond d'un tiroir…
La mort a fauché ceux qui aimaient la vie,

Passionnés de musique,
Passionnés de rencontres entre amis…
L'ouragan mortel a pris des risques…
L'amour de la vie vaincra,
L'amour de la musique restera,
Les amis reviendront toujours
Et la haine sera évincée par l'amour !!!
Il est trop tard pour prendre les armes,
Nous avons laissé pourrir le panier de crabes !
Vous avez beaucoup de belles paroles
Mais que faisiez-vous avant ces actes ignobles ?
Votre image grave mais nonchalante
Ne peut effacer ces réactions imbéciles
Que vous avez, vous les politiques,
Devant ces familles pleurant leurs enfants…
Vous avez voulu oublier « Charlie »,
Vous avez fait fi de leurs sanglantes escapades,
Eh bien voilà les sanguinaires résultats
De votre incapacité à croire leur mépris…
Ne nous dites pas qu'il y a des lois,
Ne nous dites pas que le temps manque parfois,
Vous ne savez les appliquer
Que lorsqu'on touche à votre personnalité !!!
Notre pays est en détresse…
Ne nous passez pas de veules caresses…
Vous êtes responsables de tous ces carnages
Par votre manque de courage…
Aujourd'hui, des familles entières pleurent…
Aujourd'hui, la terre entière a peur…

Alors, au lieu de faire vos cyniques hommages,
Mettez en œuvre enfin une politique de courage !!!

***

Après les attentats de Paris

Je n'avais plus la force de pleurer,
Mes larmes étaient asséchées…
Je n'avais plus la force de hurler,
Mes cris avaient cessé…
Je n'avais plus la force de parler,
Ma gorge était nouée…
Je ne pouvais plus avancer,
Mes jambes étaient paralysées…
Mais aujourd'hui, je vais recommencer à sortir,
Je dois me reprendre et sourire,
Je vais de nouveau rire,
Car j'ai envie de vivre…
Demain j'aurai la force d'aimer,
Demain, je prendrai le temps de rêver,
Je recevrai, avec joie, le bonheur tant désiré
Car la vie va enfin recommencer…

***

Toc, toc …

Toc, toc, ouvres-moi…
Ce matin, j'ai froid…
Mes yeux sont dans le noir
Et mon cœur dans le brouillard !!!

Tu es toujours si loin
Et malgré cette distance,
Je sens tellement ta présence
Que tu es près de moi, c'est certain…
Ton amour me transporte,
Ta tendresse me réchauffe,
Sans toi, je suis une ombre
Qui se meurt et sombre…
Un petit oiseau, sur mon balcon,
Est venu me dire que ton absence
N'était qu'un moment d'abstinence
Pour nos deux cœurs et il a raison…
Je suis la moitié de toi,
Tu es le désir qui bouillonne en moi
Et quand nous nous unissons,
Nous sommes deux corps en fusion !!!
J'étais complètement à la dérive
Et tu m'as remis tendrement sur la rive…
Nos vies sont à jamais liées
Depuis que nous nous sommes rencontrés…
L'amour est puissant,
Le désir est transcendant,
L'envie totalement reine
Et la tendresse souveraine…

***

Noël…

Noël arrive à grands pas,
Je n'ai pas le cœur à cela,
Je ne croyais pas que tu avais tant de place
Dans ma vie avec ton cœur de glace !!!
Je savais ton départ imminent,
Je m'étais préparé à ton absence
Mais il y avait longtemps déjà
Que les fêtes étaient sans joie…
Cette année, feras-tu noël avec papa ?
Il t'a préparé, c'est sûr, un bon repas,
Comme il faisait quand il était présent
Avec votre jolie poupée, très tendrement…
Vous nous manquez tellement !!!
La famille se déchire avec aisance,
Pour des histoires de finances
Que tu as toujours provoquées… maman !!!
Jamais noël n'a été si triste,
Jamais la vie n'a été si difficile,
Comment accepter une si dure réalité
Qui cette fois-ci nous est imposée !!!

***

Je passais par là…

Je passais par-là hier
Et j'ai vu de la lumière
Alors je me suis arrêtée
Pour te donner un doux baiser…
Dans tes bras, je me suis endormie,

Tout contre toi bien blottie,
Tendrement tu m'as enlacée
Et longtemps nous nous sommes aimés…
Plus tard, la nuit nous a rattrapés
Et nous avons récidivé…
Nos sens étaient exacerbés
Et nos corps langoureusement emmêlés…
Nous n'avions plus le sens du temps,
Nous ne connaissions plus nos âges,
Nous étions dans le partage,
Et il n'y avait que l'amour, éperdument…
Je passais par-là hier,
Tu m'as ouvert la porte toute entière…
Je me suis faufilée dans ton lit prestement
Pour te donner des caresses tendrement…
Ton absence sera longue à supporter
Mais il en est ainsi naturellement…
Je t'attendrai patiemment
Pour bien sûr bientôt te retrouver…

***

Mon doux bébé

Mon doux bébé,
Loin de moi tu t'es envolé.
Tu as lentement déplié tes ailes
Pour t'envoler à tire d'ailes…
Tu as la chance de vivre ta vie
Et de suivre tes envies…

Pense à moi de temps en temps
Comme je pense à toi tendrement.
Il n'y a pas de plus beaux sentiments
Que l'amour d'une mère pour son enfant.
Il n'est pas facile de dire ces mots
Quand on a le cœur gros…
Mais le temps est certainement venu,
Malgré toutes les déconvenues,
D'entendre tout ce qui n'a pas été dit
Et surtout d'éclairer les non-dits…
La vie n'est pas un long fleuve tranquille
Et pourtant, rien ne semble impossible
Quand l'amour est le plus fort
Dans un cœur qui pleure encore !!!

***

Pour Noël

J'ai accroché sur l'arbre de noël,
Mes espoirs pour l'année nouvelle.
J'ai déposé au pied du sapin,
Mes désespoirs, mes pleurs et la faim…
Je porte en moi mes douleurs
Et l'espoir du bonheur.
Je souffle dans cet air pollué,
Les affres de ma vie passée…
Je ne voudrais retrouver
Que les belles choses qui sont arrivées,
Les envies qui me sont restées

Et celles dont j'ai si souvent rêvées !!!
J'espère encore en l'avenir
Même s'il tarde à venir.
Je souhaite le partager
Avec tous ceux qui seront à mes côtés !!!
Si vous avez envie de me suivre,
Il suffit de me le dire,
Je suis toujours à l'écoute
Même s'il m'arrive d'avoir des doutes…
Je vous attends à bras ouverts,
Mais laissez de côté, s'il vous plait,
Tous vos innombrables cancers,
La méchanceté, la bêtise et tout ce qui déplait !!!

***

L'implacable doute

Aujourd'hui, je suis dans le doute,
Je ne me sens plus à la hauteur espérée,
J'ai le sentiment de ne pas exister.
Pourquoi cet implacable doute ?
Je ne réponds plus à certains critères,
Je ne suis plus une bonne mère,
Car je ne me plie pas aux exigences,
Je veux simplement gérer mon existence…
Je veux penser par moi-même
Et être libre de mes décisions.
Je n'ai pas besoin de sombres manipulations
Pour vivre un peu de rêve !!!

Que voulez-vous encore de moi ?
Qu'espérez-vous toujours de moi ?
Avec vous, je ne sais même plus qui je suis,
Et n'en suis pas même surprise !!!
Dois-je vraiment remercier,
Tous ceux qui essaient de me refouler,
Il arrivera bientôt ce jour
Où ce sera enfin leur tour !!!
Je ne serais peut-être plus de ce monde
Pour voir ni entendre leurs lamentations,
Mais de là-haut, je répondrai à leurs questions,
Avec un signe d'amour sur leurs pleurs immondes !!!
Mon amour pour eux sera le plus fort,
Et rien qu'à l'évocation de mon souvenir,
Malgré leurs immenses efforts,
Je serai toujours là pour les envahir…

***

Il y a pour moi, les trois A…

Amour, avec un grand A…
Affection, avec un simple A…
Amitié, avec un multiple A…
Amour, pour les enfants que j'ai mis au monde,
Pour qui j'ai tout donné
Sans jamais rien demandé
Et qui semble vivre dans un autre monde…
Affection, pour ceux qui m'entourent,
Dans les bons moments,

Comme dans les plus sombres instants
Et qui savent tout au jour le jour…
Amitié, pour ceux que j'ai choisis
Et qui partagent souvent mes envies,
Avec qui je peux crier et pleurer,
Avec mes fous-rires et mes grandes pensées !!!
Et puis, il y a un autre A, droit comme un i…
Celui qui domine ma vie,
Celui que je veux cacher par envie,
Le grand amour que je veux vivre à l'abri…
Celui-là, je le garde au fond de mon cœur,
Comme un trésor inoubliable et merveilleux,
Emballé dans la soie et des rubans lumineux,
Afin de protéger mon immense bonheur !!!

***

Drôle de vie…

Une vie étouffante,
Une mort lente,
Un espoir pressant
Et le désir d'indépendance…
Un amour inconditionnel
Qui n'est pas exceptionnel,
Mais pourtant bien réel
Dans une vie impersonnelle…
Je voudrais crier ma douleur,
Et ne plus subir cette peur
De vivre ces silences

Et ces longues absences…
Il est loin le temps,
Où, quand vous étiez enfants,
Vous veniez vers moi en courant
Me raconter vos petites souffrances…
J'ai maintenant le sentiment
De n'être que le reflet très pâle
D'un portrait à peine ressemblant
D'une mère sans idéal !!!
Où êtes-vous mes enfants chéris ?
Dans quel monde êtes-vous partis ?
J'aimerais tant vous retrouver
Et ne plus jamais vous quitter !!!

***

Musique douce

La musique égrène ses notes,
Les paroles me transpercent le cœur,
La voix chaude du chanteur
M'envahit tout entière et je frissonne…
Sens-tu mon cœur battre ?
Vois-tu mes yeux remplis de larmes ?
Comprends-tu mon émotion
Quand j'entends ces chansons ?
Ma raison s'évade
Dans un monde imaginaire,
Mon corps, entièrement à toi, se pavane
Et voudrait toujours te plaire…

Je n'ai plus d'âge,
Je ne suis plus sage,
J'écoute cette musique
Et tout devient tellement magique !!!
Ma tête et mes idées grésillent,
Mes paupières et mes yeux sont lourds,
Mes sens deviennent sourds,
Je n'entends plus et je vacille !!!
Tes bras si forts m'entourent,
Et me retiennent contre ton corps…
Je n'ai plus la moindre force
Et me laisse aller dans ton amour…

***

Restons heureux

Une année s'achève et s'envole
Et va rejoindre celles passées.
Des envies de prendre la parole
Pour ne pas oublier…
Tant de mois à vouloir comprendre,
Des jours à chercher la vérité,
Des heures à me laisser surprendre
Mais ne jamais rien lâcher…
L'année se finit dans la douleur,
Pour tous ceux touchés par le malheur,
Mais d'entrevoir cette merveilleuse lueur
Ne fait que réjouir nos cœurs…

Restons humbles devant nos envies,
Soyons heureux d'être en vie,
Regardons autour de nous
Et donnons de la joie et de l'amour…
Entendez ces cris de douleur,
Écoutez ces mots et ces pleurs,
Ne laissez pas gagner la peur
Et cachez la force sans vos cœurs…

***

Je suis une mamie

Je suis une mamie,
Qui est à la fin de sa vie.
Je suis une maman
Qui souffre et qui attend…
Oui, j'attends cette invincible mort
Qui arrive à grands pas
Puisque c'est aussi mon sort
Malgré l'envie d'être là !
Je voudrais tellement donner,
À ce petit être qui est arrivé,
Le don de mon pouvoir,
Et tout ce qui est mon savoir…
Je suis déjà dans les nuages,
Et sans que vous en preniez ombrage,
Laissez-moi m'enfuir vers cet Eden
Qui sera ma demeure éternelle…
Mes enfants, ne me retenez pas,

Mes amis, accompagnez-moi,
Soyez forts après mon départ,
Et protégez la vie sans retard…
Je serai toujours là pour vous
Du haut de mon paradis,
Et si vous sentez s'enfuir ma vie,
Laissez-moi partir et aimez-moi toujours…

***

La bulle de bonheur

Un petit geste de la main
Balaye mes peurs et mes chagrins.
Un regard très doux
Me met sens dessus-dessous …
Une voix enjouée et chantante
M'hypnotise et je suis en transe !
Une silhouette devant ma porte
Me stimule et me transporte…
Des mains qui me parlent,
Des doigts qui me cherchent,
Des yeux qui me renversent
Et l'envie est irraisonnable…
Le monde n'existe plus,
Nous sommes dans notre bulle,
Il n'y a plus que nous
Et tout est en amour…
Nous sommes en osmose
Et si maintenant j'ose,

C'est parce que tu m'as donné
L'envie et le désir d'aimer…
Je suis sous ton charme,
Il n'y a plus de hasard,
Tu es l'incarnation du bonheur,
Et maintenant je n'ai plus peur…

***

Il n'y a plus de temps à perdre,

Il n'y a plus de temps à perdre,
Car la vie est simplement trop courte,
Et si je ne cours plus les chimères,
Je dois me poser un jour…
Les petits cadeaux enrubannés,
Que la vie devait me donner
Se sont souvent évaporés
Pour faire place au passé…
Je n'attends plus les envies,
Je vais seulement vers la vie
Et si je la croque à pleines dents,
C'est que je vis dans le présent…
Les battements de mon cœur
Ne sont plus des secrets,
Les visions de mes peurs
Sont enfouies dans la terre…
Je veux partager mes bonheurs,
Je veux oublier mes douleurs,
Si la vieillesse arrive avec douceur

Alors la mort ne me fera plus peur…

***

Adieu Michel…

Sa voix s'est éteinte…
Son visage, au fil des jours va s'atténuer,
Ses chansons resteront en mémoire,
Mais notre jeunesse à jamais s'est envolée !!!
Nous ne pourrons pas oublier
Ses pleurs dans les divorcés,
Laurette et son sourire enjôleur,
Ses promenades et les chasseurs…
Nous avons tous flirté
Sur ses airs et aussi dansé…
Ses souffrances se sont enfin apaisées
Car sa vie s'est simplement arrêtée…
Nous n'oublierons pas cette douce voix,
Nous écouterons encore ces belles mélodies,
Vous ne fêterez pas vos soixante-quinze ans,
Vous ne verrez plus Sylvie Vartan…
Nous aurons toujours dans nos cœurs
La silhouette du merveilleux chanteur…
Vous resterez à jamais ce jeune homme rêveur
Qui nous a tant chaviré le cœur…

***

Ma chaine de vie

La chaine de la vie
S'est encore raccourcie…
Un maillon de ma jeunesse
A pris la poudre d'escampette…
L'âge nous demande souvent
De quitter la scène avant l'heure
Et pourtant, nous refusons bizarrement
Tous les signes avant-coureur…
J'avais bien vu les changements,
Ce n'était pas encore suffisant,
Je voulais croire à la vie
Mais ce n'était qu'une envie…
J'ai gardé les yeux fermés,
J'ai beaucoup serré les poings,
Mes poches en étaient si trouées
Que j'y mettais souvent des points…
J'ai rangé ma chaine de vie délicatement
Dans un petit tiroir satiné,
Je l'ai fermé avec des clés dorées
En espérant la garder très longtemps…
Je n'ai pas envie de tout quitter,
Je ne suis pas tellement pressée,
Il me reste tant à comprendre
Et surtout encore à apprendre…

***

Au fil de tes mots

Au fil de tes mots,
Je sens tes émotions.
Au fil de mes mots,
Tu connais mes appréhensions.
Au fil de tes silences,
Je comprends tes désarrois,
Au fil de mes silences,
Tu sais mes craintes sans toi.
Au fil de tes regards,
Tu me donnes l'envie de toi,
Au fil de mes regards,
Je te donne le besoin de moi.
Au fil du temps,
Le désir sera-t-il aussi présent ?
Au fil de l'âge,
Ne deviendra-t-on pas plus sage ?
Au fil de la vie,
Nous connaitrons encore plus nos envies.
Au fil de l'amour,
Nous serons l'un à l'autre toujours…

***

Le paradis

Des marches menant au paradis,
Une porte s'ouvrant sur le désir,
Des fenêtres d'où on voit le ciel,
Plus rien d'autre n'est essentiel…
Une table bien garnie,

Des assiettes justes remplies,
Des verres colorés,
Le bonheur est invité…
Une chambre lumineuse,
Un lit chaud et douillet,
Des draps en parure soyeuse,
L'amour est l'hôte perpétuel…
Des visages aux sourires lumineux,
Des regards doux et amoureux,
Des gestes délicats et sensuels,
Ce sont des amants éternels…
De belles idées partagées,
Des petits mots très enflammés,
Des poèmes tendrement voulus,
L'extase est absolue…

***

La revenante…

Qui est cette silhouette sombre,
Au seuil de ma grande chambre,
Avec cette chevelure mi-longue
À la couleur chanvre ???
Je n'ai pas reconnu,
Cette femme inconnue,
Qui dit être ma fille
Et qui me raconte des broutilles…
Penchée au-dessus de mon oreiller,
Elle essaie de m'embrasser,

Je veux la repousser
Car je sais que je l'ai reniée…
Elle nous a tellement menti,
Elle a si souvent voulu jouer
Avec les sentiments familiers
Qu'elle a tout détruit…
Je ne peux accepter
Qu'elle revienne s'incruster
À la fin de ma vie
Car je connais ses envies…
Elle ne connait que la destruction,
Elle ne sait faire que la manipulation,
Et quand je serai disparue,
Elle continuera ce qu'elle avait prévu !!!
Je ne veux pas lui donner mes bijoux,
Je ne veux pas qu'elle ait mon argent,
Je voudrais tout simplement,
Qu'elle finisse enfin sans le sous…
Je l'ai mise au monde,
Je lui ai donné l'éducation,
Mais je pars avec l'intuition
Que la colère de la famille gronde !!!

***

Le bâton de vieillesse…

Tu étais mon enfant chéri,
La dernière de la fratrie,
Notre bâton de vieillesse,

Une dernière jeunesse…
Je t'ai laissé longtemps
Aux bons soins de tes ainées,
Qui t'ont dorlotée et cajolée,
Car je travaillais très souvent…
Quand ton père nous a quittés,
Que tes nounous sont parties,
Je t'ai tout donné,
Sans contrepartie…
Puis à dix-huit ans, tu t'es sauvée,
Brusquement à la cloche de bois,
Avec l'approbation d'une ainée,
Et tu as suivi ton chemin de croix…
Aujourd'hui, quand tu reviens,
Tu as oublié mon immense chagrin,
Tu ne m'as pas demandé pardon,
Ni dit merci pour mes multiples dons…
Toi, je ne t'ai pas renié
Et je t'ai trop aimé,
Mais sais-tu combien tu m'as déçue
Même si tu joues les ingénues…
Ne prends pas cet air effarouché
Quand tu parles à tes ainés,
Mais laisse ton attitude exécrable
En affichant enfin un sourire aimable…
Tu vois, je suis partie ce matin
En sachant que tu ferais du potin,
Je t'ai trop protégée,
Et j'en suis vraiment désolée…

***

Le corrompu…

Qu'as-tu fait de ta vie,
Si ce n'est largement profiter des autres ?
Qu'as-tu fait de tes envies,
Tu leur as rapidement tourné le dos…
Tu semblais pourtant réussir ta vie,
Entouré de beaucoup d'amis,
Mener une longue carrière
Dont tu aurais été fier…
Ta table était bien garnie
Et ta cave aussi !!!
D'où tenais-tu tous ces produits,
Ça ne te faisait pas soucis ???
Chez toi, tout était corrompu,
Nous l'avons toujours su,
Nous n'étions pas envieux,
Pour toi, tout était un jeu…
Quand je te rendais visite,
C'était tout simplement pour remplir
Ton stock de laine à broder
Que tu disais ne pas trouver !!!
Combien de fois m'as-tu escroquée ?
Combien de temps cela a-t-il duré,
Jusqu'au jour, où hospitalisée,
Je n'ai plus pu me déplacer !!!
Des années durant,

J'ai attendu tes visites,
Mais tu n'as jamais pris le temps
De venir, ou si peu, me rendre visite…
Je suis partie sans te revoir,
Je n'ai jamais voulu croire
Que tu m'avais oubliée
Et pourtant ce n'est que la vérité !!!

***

Mes colères

J'ai la colère dans mon cœur,
J'ai le corps perclus de douleurs,
Je suis submergée par la rancœur
Mais je veux retrouver le bonheur…
Ce matin, je couche ma colère,
Sur papier, en écrivant des vers…
Je soigne mes immenses douleurs
En bannissant cette terrible rancœur !!!
Hier, ma tête s'est allégée
Quand je suis allée danser.
La musique libère les mœurs,
Et j'ai touché du doigt le bonheur !!!
Les musiciens m'ont transportée
Vers ceux qui se sont envolés
Et j'ai senti leurs présences
Près de moi malgré l'absence !!!
La vie reprend son cours
Avec les soucis de tous les jours,

Il est vrai que je pense toujours
À ce grand voyage sans retour…
Où êtes-vous en ce moment ?
Nous regardez-vous de là-haut ?
Je crois vous voir de temps en temps,
Et entendre vos voix et vos mots…
Hier, j'avais une grande famille,
Aujourd'hui, je me sens orpheline…
Qui sera demain dans mon cœur,
Je ne veux plus avoir si peur !!!

***

Triste anniversaire

Aujourd'hui, je voulais te dire…
J'avais tant de choses en souffrance,
Quand tu étais en partance,
Alors ce matin, je veux te l'écrire…
Nous sommes le treize janvier,
C'est toujours ton anniversaire,
Nous pourrions bien sûr le fêter,
Mais sans toi, comment faire ???
Tu aurais eu un âge canonique,
Quatre-vingt-dix-huit années…
Tu n'as pas atteint l'âge symbolique
Que tu semblais avoir fixé…
Aujourd'hui, je voulais te dire…
Pourtant, je ne peux le dire vraiment
C'est vrai, je pense à toi souvent,

Mais il me faut encore grandir…
Es-tu bien installée là-haut ?
Es-tu enfin dans un paradis ?
As-trouvé la place qu'il te faut ?
Dis, maman, donne-moi un signe…
J'ai peur de ton silence…
J'attends un geste de toi…
Je ne suis plus du tout en confiance
Et je suis en manque de toi…
Aujourd'hui, je voulais te dire…
Mais tu vois, je ne le dirai pas…
Je ne suis plus sûre de savoir pourquoi
Et pourtant, c'était mon plus cher désir !!!

***

Mon rayon de soleil

Je t'envoie un rayon de soleil…
Si tu sais le recevoir
Et si tu tends l'oreille,
Tu comprendras son énorme pouvoir…
Tout d'abord, il te réchauffera
Puis il envahira ton cœur…
Tu ressentiras le bonheur
Et plus jamais il ne se sauvera…
Il te faut pourtant savoir,
Que si tu le mets en valeur,
Si tu sais aussi y croire,
Il gardera toute sa candeur…

Je t'envoie un rayon de soleil…
Ne le perds pas en chemin,
Il te comblera sans pareil
Et embellira tes lendemains…
Ce petit cadeau qui vient du cœur
Ne se soucie pas de sa valeur…
Il peut effacer sa lumineuse couleur
Si tu le laisses dans le malheur…
Si tu sais le cajoler,
Il saura tout pardonner…
Si tu es courageux,
Alors il te rendra très heureux…
Je t'envoie un rayon de soleil…
Cache-le dans ton cœur…
C'est sûr, il fera des merveilles…
Il ne veut que ton bonheur…

***

Le monde est fou

Il n'y a plus d'espoir,
Le monde devient fou,
Les discussions de comptoir
Nous le disent partout…
On tue au nom de tous les dieux,
On juge au nom de tous les pouvoirs,
Mais on laisse mourir et choir
Nos enfants et nos chers vieux…
Les enfants ne demandent qu'à vivre,

Les anciens parlent de mourir !!!
Que fait-on de toutes ces vies
Qui s'échappent sans cris ???
Nous devons sonner l'alarme
Et retourner enfin les armes…
Qu'attendons-nous pour agir ?
Faut-il tous mourir ?
Aurons-nous vraiment assez de courage
Pour contredire le grand pouvoir des sages ?
J'aimerais reprendre l'espoir
Et le goût à l'humanité…
J'aimerais vraiment y croire
Et comprendre toutes ces grandes idées !!!
Je ne suis plus sûr de rien,
Mais il ne faut pas que ce soit la fin…
Nous avons tant à donner
Alors continuons à nous aimer !!!

***

Un ange aux ailes blanches

Un ange, aux ailes blanches,
Est venu me dire son amour…
Il a fait tant et tant de détours
Pour venir jusqu'en Provence…
Il a parcouru tout ce chemin
Pour accomplir son destin,
Il a mis tout son cœur

Pour m'apporter ce petit bonheur…
Cet ange, tombé du ciel,
A souri en me regardant,
Il était si charmant,
Perché sur son arc-en-ciel…
Je l'attendais depuis si longtemps,
Il avançait si lentement,
Que quand il est arrivé,
J'ai cru qu'il était fatigué !!!
Ses longues ailes aux plumes blanches
Se sont doucement refermées,
Elles m'ont entourée amoureusement
Et la nuit est venue silencieusement…
Dis-moi, mon ange,
Resteras-tu près de moi toujours ?
J'espère tant, mon bel ange,
De ta visite et de cet amour…

***

À l'orée du bois

À l'orée du bois,
Un chemin se fraye un passage
Dans la verdure, et ses ramages
S'inclinent dans le sous-bois…
Une silhouette, haute et mince,
Vêtue d'une longue cape brune
Scrute l'horizon si lointain
Et disparait aussi soudain…

Un chant, doux et mélodieux,
S'élève lentement dans les cieux,
Écarte délicatement le feuillage
Et pénètre la blancheur des nuages…
Le sentier s'enfonce dans la forêt,
Les arbres, hauts et touffus,
Se mélangent, confus,
Avant de se séparer peu après…
Et voilà, cette petite clairière,
La silhouette en robe de bure,
Des jeunes filles blondes l'entourent,
Dansent et égrènent des notes claires…
Un bruit de cascade très légère
Arrive du fond du bois…
Des odeurs d'herbes fraiches
Envahissent les sous-bois…
Dans cette grande forêt millénaire,
Où les elfes jouent les trublions,
Où les fées sont légions,
Les jours et les années filent comme un éclair…
Rien ne bouge,
Rien ne change, la cascade chante à mon oreille,
Les fées et les elfes dansent dans la forêt…

***

Le prisonnier

Je suis enfermé dans cette pièce,
Je rêve souvent de m'évader…

J'ai la tête tournée vers la petite fenêtre
Et je voudrais pouvoir respirer…
Mon lit est fixé définitivement au sol,
Ma table, une planche attachée au mur…
Je ne suis plus très sûre
D'avoir encore la parole !!!
Je suis toujours épiée,
Je n'ai plus d'intimité,
Mais ai-je vraiment mérité
Cet excès de sévérité ?
Je me bats contre moi-même,
Mes démons, tous les jours, me submergent,
Je ne sais pourquoi je suis là,
Pourquoi j'en suis arrivée là…
On m'a dit que j'avais eu une enfance malheureuse,
Pourtant, ma famille était très heureuse !!!
Je ne suis pas bien dans ma tête,
Et j'en veux à la terre entière…
Comment puis-je être fière ?
Je vis maintenant comme une bête,
Mes amies sont des araignées
Et il m'arrive de les élever…
Je regarde les oiseaux voler,
Et je rêve, avec eux, de m'envoler !!!
Les barreaux m'empêchent de passer,
Et ma porte est fermée à clé…
Le jour où je sortirai,
Si ce jour arrive vraiment,
J'irai sentir l'air de la forêt

En fermant les yeux très lentement…

***

Absence de nouvelles

Le téléphone ne sonne plus,
Les nouvelles n'arrivent plus,
Plus personne au bout du fil,
Ça résonne dans le vide…
Nous n'avons plus un moment,
L'emploi du temps est trop serré,
Nous courons tous après le temps,
Nous sommes très occupés…
Tous ces mots répétés,
Tout au long de l'année,
Résonnent dans ma tête,
Comme un avis de tempête !!!
Est-ce donc si difficile
De passer un coup de fil ?
De prendre cinq minutes de son temps
Pour demander des nouvelles des parents !!!
Nous mettons de la distance,
L'amour est en partance,
La famille n'a plus de patience,
Et la vie a ses défaillances…
Nous sommes à la dérive
Dans ce monde débridé…
Il n'y a plus de sérénité
Dans cette forteresse et ses rives…

Quand tu auras de mes nouvelles,
Prends le temps de lire en elles,
Tu comprendras mon désespoir
De ne plus savoir ni te voir !!!!

***

L'amitié sincère

Tu es entré dans ma vie,
Un jour de printemps,
Tu t'es installé en ami
Et tu m'as redonné confiance…
Nous sommes des satellites
Tournant autour d'un monde inhumain,
Nous suivons les mêmes pistes,
Et prenons souvent des chemins communs…
Tes amis t'apprécient toujours
Pour ta grande bonne humeur,
Ils connaissent aussi ton ardeur
À vivre tes amours…
Il ne se passe pas un jour,
Sans que tu n'aides pas tes amis,
Même si tu n'as pas toujours
De retour dans ta vie !!!
Tu as le cœur sur la main,
Tu es un ami certain,
Et si tu restes parfois silencieux
C'est que tu es sûrement heureux…
Les femmes te font tourner la tête,

Mais uniquement quand elles sont d'ébène…
Tu leur donnes tellement d'amour
Qu'elles te le rendent toujours !!!
Tu aurais tous les défauts de la terre,
On ne les verrait certainement pas…
Tu nous donnes tout ce que tu as,
Tu as l'amitié la plus sincère…

***

Jour sans joie

Aujourd'hui, c'est un mauvais jour…
Un jour sans entrain,
Sans joie, sans amour,
Un jour forcé et contraint…
Les heures passent lentement,
Les minutes s'égrènent
Et j'attends patiemment
Que la nuit vienne…
Dès le matin, au levé,
Je sais que le vide va s'installer…
Et tout au long de la journée,
La peur de l'avenir va m'inonder…
J'ai de l'amour à donner,
Mais avec qui le partager ???
Les enfants n'ont plus jamais le temps
D'appeler ou venir de temps en temps…
Il y a des jours comme cela
Où plus rien ne va !!!

Mais il y a aussi des jours
Où ma vie est remplie de cet amour…
Un appel, un message
Et mon bonheur est de retour…
J'entends quelques mots d'amour
Et c'est un merveilleux présage…
Demain sera un très beau jour,
Si au réveil, je reçois de l'amour
Et je sais qu'au cours des prochains jours,
La peur ne sera pas de retour…

***

Bouleversements

J'ai une vie très heureuse,
Je suis d'ordinaire si silencieuse,
Mes enfants me comblent de joie
Et mon travail aussi parfois…
Hier pourtant, tout a basculé,
Le monde s'est brusquement écroulé,
Quand le médecin m'a averti
Que je pourrai perdre la vie…
Une simple petite boule,
Qu'on tâte et qu'on oublie,
Jusqu'au jour où par envie,
On veut se fondre dans la foule…
Séjour à l'hôpital, consultations,
Analyses, opération…
La course contre l'absence,

Tout va vite, la lutte commence…
Chaque jour, le doute m'envahit,
Chaque matin, c'est le désespoir…
J'attends avec angoisse la chimiothérapie
Et souvent je perds espoir…
Puis un jour, la première séance…
Les longs couloirs me font peur,
Je suis ici depuis des heures
Et je rentre chez moi en silence…
Ce matin, dans ma salle de bain,
Les larmes coulent de mes yeux,
Je fixe ma brosse à cheveux,
Des touffes restent dans ma main…
Les séances se suivent ainsi,
J'ai perdu tous mes beaux cheveux blonds,
Je suis dans un désarroi profond
Et je dois encore continuer ma vie…

***

Les souvenirs s'effacent lentement

Je vis au jour le jour,
Baignée de cet amour,
La tendresse m'entoure
Et je souris tous les jours…
La vie passe au jour le jour,
Avec tous les soucis
Et les enfants qui grandissent,
Le temps passe vite au jour le jour…

L'âge défile au jour le jour,
L'ennui s'empare quelquefois de vous,
Et s'installe au plus profond de nous,
La vieillesse attaque un peu tous les jours…
Mes forces m'abandonnent au jour le jour,
Mes jambes ne me portent plus
Et mon corps essuie souvent des refus,
Mon cœur brisé se fatigue de jour en jour…
Je meurs au jour le jour,
Je ferme les yeux lentement,
Je m'endors tout doucement,
Je m'éteins un peu chaque jour…
Je vivais au jour le jour,
Je me suis épuisée chaque jour,
J'ai donné beaucoup d'amour,
Je ne suis plus rien à ce jour…
Les images s'effacent jour après jour,
Seuls les souvenirs sont encore là,
Il n'y a plus que cela,
Bientôt, il ne restera qu'un nom, jour après jour…

***

Bonheur d'écrire

Il y a toujours au fond de mon cœur,
Cette envie pressante de douceur,
Ce besoin d'intense bonheur,
Sans complexe ni douleur…
Il n'y a rien de plus merveilleux

Que le regard d'un petit enfant
Découvrant le monde des grands,
Des étoiles plein les yeux…
Quelle est la plus grande joie,
Que de prendre la main d'un bambin
Pour le mener toujours plus loin…
Le monde bouge à toute vitesse,
La nature, de plus en plus, s'affole,
Alors regarder des oiseaux en plein vol
M'enlève vraiment toute tristesse…
Des enfants jouant dans une cour d'école,
Des arbres et des champs de fleurs,
Des vagues en concurrence avec le Dieu Éole,
Tout est beauté et grande valeur…
Je ne suis qu'un pion sur un échiquier,
Une pièce d'un jeu improvisé,
Une tour qu'on ne peut détrôner,
Une âme toujours très passionnée…
Donnez-moi un crayon de papier,
Un cahier d'écolier,
Et je vous écrirai volontiers
Des histoires à lire et raconter…

Imprimé sur papier **Clairefontaine** fabriqué dans les Vosges.

Achevé d'imprimer sur les presses de l'imprimerie
Centre Littéraire d'Impression Provençal
www.imprimerieclip.fr
contact@imprimerieclip.fr